Autor _ SHAKESPEARE
Título _ O PRIMEIRO HAMLET
IN-QUARTO DE 1603

Copyright	Hedra 2013
Tradução©	José Roberto O'Shea
Edição consultada	*William Shakespeare: Hamlet, The First Quarto 1603*, Albert W. Weiner, Great Neck, NY: Barron's, 1962.
Corpo editorial	Adriano Scatolin, Alexandre B. de Souza, Bruno Costa, Caio Gagliardi, Fábio Mantegari, Iuri Pereira, Jorge Sallum, Oliver Tolle, Ricardo Musse, Ricardo Valle

Dados

Dados Internacionais de Catalogação na Publicaçã

S539 Shakespeare (1564–1616)

O primeiro Hamlet – in-quarto de 1603. / Shakespeare. Organização e Tradução de José Roberto O'Shea. – São Paulo: Hedra, 2010. 186 p.

ISBN 978-85-7715-170-7

1. Literatura Inglesa. 2. Romance. 3. Teatro Elisabetano. 4. Literatura Dramática. 5. Hamlet I. Título. II. Shakespeare, William (1564–1616). III. O'Shea, José Roberto, Organizador. IV. O'Shea, José Roberto, Tradutor.

CDU 82(
CDD 823

Elaborado por Wanda Lucia Schmidt CRB-8-1922

Direitos reservados em língua portuguesa somente para o Brasil

EDITORA HEDRA LTDA.

Endereço	R. Fradique Coutinho, 1139 (subsolo) 05416-011 São Paulo SP Brasil
Telefone/Fax	+55 11 3097 8304
E-mail	editora@hedra.com.br
Site	www.hedra.com.br

Foi feito o depósito legal.

Autor — SHAKESPEARE

Título — O PRIMEIRO HAMLET
IN-QUARTO DE 1603

Organização e tradução — JOSÉ ROBERTO O'SHEA

São Paulo — 2013

William Shakespeare (Stratford-upon-Avon, 1564—*id.*, 1616), poeta, dramaturgo e ator, é hoje considerado pelos estudiosos e críticos literários um dos maiores, se não o maior nome da dramaturgia e da poesia mundial. Filho de John Shakespeare, próspero comerciante, e de Mary Arden, descendente de uma rica família católica, tudo o que se sabe de Shakespeare deriva de duas fontes relativamente escassas: dos documentos e registros da época e das alusões de contemporâneos a sua obra. Em 1582, aos dezoito anos, casa-se com Anne Hathaway, com quem teve três filhos, Susanna e os gêmeos Judith e Hamnet, seu único filho homem, que morreria aos 11 anos. Talvez amargurado com o casamento — segundo suposições — abandona a vila natal e parte para Londres, deixando para trás a família. Sua reputação começa a se estabelecer em 1588, como comediante e poeta dramático. Torna-se amigo e protegido do conde de Southampton, a quem dedica seus primeiros poemas narrativos *Venus and Adonis* (1593) e *The Rape of Lucrece* (1594). Já famoso, torna-se um dos mais abastados proprietários de Stratford e membro da companhia de Lord Chamberlain que, com a morte da rainha Elizabeth, passou a se chamar King's Men, recebendo o apoio de James I a partir de 1603. Após o incêndio do teatro Globe em 1613, durante a encenação de uma de suas últimas peças, *Henry* VIII, retira-se definitivamente para Stratford, onde falece em 1616. Shakespeare escreveu pelo menos 38 peças, entre dramas históricos, comédias e tragédias, das quais se destacam *Romeo and Juliet* (1594), *Hamlet* (1599–1600), *Othello* (1603), *King Lear* (1605) e *Macbeth* (1606). A densidade psicológica de seus personagens, o apuro linguístico e a profundidade com que descreveu a condição humana garantiram a Shakespeare a universalidade de uma obra que tem fascinado e cativado leitores há mais de quatro séculos.

O primeiro Hamlet (1603) é a peça *A tragédia de Hamlet, príncipe da Dinamarca* tal como teria sido encenada pela primeira vez. Embora seja um dos textos mais analisados de toda a literatura ocidental, um fato básico costuma ser ignorado: a existência de três *Hamlets* — a saber, o Primeiro In-quarto (Q1) (1603), o Segundo In-quarto (Q2) (1604-5) e o Fólio (F) (1623). As diferenças mais óbvias entre as três versões dizem respeito à extensão, estrutura, caracterização e nomes dos personagens, e às rubricas. Em termos de extensão, Q1 é a versão mais curta; Q2, por seu turno, é um pouco mais longo do que F. Quanto à estrutura, a principal diferença é a presença de uma cena entre Horácio e Gertred exclusiva a Q1, a Cena 15, crucial para a caracterização da Rainha, que aqui se posiciona ao lado do filho, contra o marido. Com menos falas em Q1 do que em Q2 ou F, o Príncipe se mostra menos reflexivo e mais focado na vingança do que é o caso nas versões mais longas. São também evidentes as diferenças dos nomes dos personagens: por exemplo, Polônio, em Q1, chama-se Corambis e Gertrudes é Gertred. Outra particularidade de Q1 são as rubricas, mais "teatrais" do que as que constam do Q2 ou do F. As diferenças entre Q1, Q2 e F não devem ser vistas como acidentais; antes, resultam de impulsos criativos que visam à construção de textos dramáticos com funções específicas. As *três* versões de *Hamlet* têm autoridade porque foram publicadas e "consumidas" no início do século XVII, porque serviram de base para o trabalho de atores e foram recebidas por plateias em montagens realizadas no período Elisabetano-Jaimesco.

José Roberto O'Shea é professor titular de Literatura Inglesa da Universidade Federal de Santa Catarina (UFSC). É mestre em Literatura pela American University, em Washington, DC, e doutor em Literatura Inglesa e Norte-americana pela Universidade da Carolina do Norte, em Chapel Hill, com pós-doutorados na Universidade de Birmingham (Shakespeare Institute) e na Universidade de Exeter, ambas na Inglaterra, e pesquisador convidado da Folger Shakespeare Library, em Washington, DC (2010). Publicou diversos artigos em periódicos especializados, além de cerca de trinta traduções, abrangendo as áreas de história, teoria da literatura, biografia, poesia, ficção em prosa e teatro.

SUMÁRIO

Introdução, por José Roberto O'Shea 9

O PRIMEIRO HAMLET – IN-QUARTO DE 1603   **41**

Ato I 47

Ato II 88

Ato III 118

Ato IV 144

Ato V 160

INTRODUÇÃO

É NOTÓRIO que *A Tragédia de Hamlet, Príncipe da Dinamarca*, de William Shakespeare, vem a ser o texto mais frequentemente analisado de toda a literatura ocidental. O que não é notório, absolutamente, é que existem três *Hamlets* — a saber, o Primeiro in-quarto (Q1) (1603), o Segundo in-quarto (Q2) (1604–5) e o Fólio (F) (1623) — fato relevante que incide sobre questões de escritura, reescritura, adaptação e encenação.

De início, convém lembrar que a célebre tragédia do Príncipe da Dinamarca traz dentro dela mesma uma indicação clara de que, no teatro elisabetano, era corrente a prática de adaptar textos dramáticos segundo determinados propósitos, fossem eles ideológicos, políticos ou cênicos. Tal indicação diz respeito à peça dentro da peça — *O assassinato de Gonzaga* —, na qual o próprio Hamlet, além de mudar o título para *A ratoeira*, promete inserir "doze ou dezesseis" linhas, no intuito de provocar no Rei Cláudio uma reação que denunciasse a responsabilidade deste pela morte do irmão, o Rei Hamlet.

Já a questão da reescritura — e da colaboração —, por seu turno, está relacionada ao dinamismo do cânone dramático shakespeariano, que atualmente contabiliza quarenta peças. O inusitado Fólio de 1623, publicado por ex-sócios do poeta inglês, John Heminges e Henry Condell, sete anos após a morte de Shakespeare, em abril de 1616, reúne 36 textos dramáticos, dos quais 18 eram inéditos e 18 já haviam sido publicados, sepa-

INTRODUÇÃO

radamente, em versões in-quarto.[1] Mais tarde, foram acrescentadas ao cânone as peças *Péricles, Príncipe de Tiro*; *Os dois nobres parentes*, *Rei Eduardo* III e *Cardênio*.[2] Das 18 peças publicadas em versão in-quarto, seis seriam mais tarde consideradas espúrias (*bad quartos*)[3] pelo estudioso Alfred W. Pollard e outros especialistas associados ao movimento conhecido como "Nova Bibliografia". Mais recentemente, no entanto, os chamados *bad quartos* têm sido estudados, encenados e editados, sendo que, neste último caso, edições consolidadas, tais como a New Cambridge Shakespeare e a Oxford, já adotaram a estratégia de publicar versões in-quarto de peças shakespearianas.

Em se tratando de *Hamlet*, as adaptações observa-

---

[1]Fólio é a folha de impressão dobrada uma vez, de que resulta um caderno com duas folhas e quatro páginas. In-quarto é a folha de impressão dobrada duas vezes, formando um caderno com quatro folhas e oito páginas. Por associação, os termos são aplicados também aos livros compostos nesses respectivos formatos. As 18 peças publicadas em in-quartos foram sete histórias, seis comédias e cinco tragédias, fato que evidencia o sucesso de Shakespeare nos três gêneros.

[2]Registrada anonimamente em 1595 e tendo constado durante muitos anos da lista de "peças apócrifas", *Edward* III, "by William Shakespeare", foi encenada pela primeira vez pela Royal Shakespeare Company, em Stratford-upon-Avon, em julho de 2002, sob direção de Anthony Clark. O texto de *Cardênio*, peça supostamente baseada na história de Cardênio, em *Don Quixote*, não sobreviveu.

[3]Não existe consenso quanto ao conjunto final de "in-quartos espúrios", mas as seguintes seis peças costumam constar das listas de *bad quartos* feitas pelos estudiosos: *Henrique* V, a segunda parte de *Henrique* VI, a terceira parte de *Henrique* VI, *As alegres comadres de Windsor*, *Romeu e Julieta* e *Hamlet*.

JOSÉ ROBERTO O'SHEA

das no chamado "in-quarto espúrio" — na realidade, a primeira versão publicada da peça — afetam estrutura, construção de personagens e tematização, alterações que, de modo geral, enfatizam mais a ação do que a introspecção. Embora nem sempre as encenações anunciadas acontecessem, já na folha de rosto, o Primeiro in-quarto anuncia que o texto ali contido foi *encenado* em Londres e fora da cidade, isto é, em Oxford e Cambridge, o que, no entendimento de diversos estudiosos, configura um *script*, ao mesmo tempo, mais enxuto e mais encenável do que as versões mais longas da peça — que, de fato, constituem os dois textos mais extensos de todo o cânone dramático shakespeariano.[4]

O PRIMEIRO IN-QUARTO (1603)

A principal preocupação dos especialistas diante das centenas de variações textuais encontradas nas diferentes versões das chamadas peças de textos múltiplos atribuídas a Shakespeare é verificar se tais variações constituem correções, corrupções ou revisões. Na tentativa de resolver discrepâncias textuais, os editores modernos — a partir de Nicholas Rowe, em 1709 — acabam por produzir uma espécie de amálgama de várias versões de uma mesma peça, na verdade, um texto que Shakespeare não escreveu e jamais viu encenado: são as assim denominadas edições conflacionadas.

São três as hipóteses mais aventadas acerca da origem do Q1 de *Hamlet* (note-se, todas alicerçadas na questão autoral). A primeira contempla a possibilidade de *revisão*. Q1 encerraria a primeira versão, ou o texto

---

[4]Thompson e Taylor, *Texts*, p. 84.

INTRODUÇÃO

completo, ou uma esquete ou uma revisão parcial da chamada *Ur-Hamlet*, ou *"pré-Hamlet"* (uma peça já existente, geralmente atribuída a Thomas Kyd, mas que críticos como Peter Alexander e Harold Bloom atribuem ao próprio Shakespeare). A segunda hipótese estabelece Q1 como produto de algum relato sucinto, *reconstrução feita de memória* (teoria defendida por W.W. Greg), processo que poderia ser shakespeariano ou não, oficial ou não autorizado. Quanto à terceira hipótese, Q1 seria uma engenhosa — e propositada — *adaptação teatral*, um "enxugamento" do texto, para diminuir o tempo da encenação e tornar a ação mais ágil.

Dessas hipóteses decorrem as visões tradicional e revisionista em relação ao Primeiro in-quarto de Hamlet. De acordo com a visão tradicional, a primeira edição do *Hamlet* shakespeariano constitui, como já foi dito, um "in-quarto espúrio", um texto pirateado, truncado e corrompido, reconstituído por memória, trabalho de algum ator ou grupo de atores que haviam atuado na peça encenada na íntegra ou em alguma versão resumida (o suposto pirata teria representado os papéis de Marcelo e Luciano). Sob tal perspectiva as alterações observadas na construção das personagens configuram simplificações, reduções, sugerindo que os "adaptadores" estariam recorrendo a estereótipos correntes à época: Gertred (Gertrudes) é leal ao filho; Ofélia é ainda mais obediente ao pai do que nas versões mais extensas; Cláudio é nitidamente um vilão, Corambis (Polônio) é o epítome do velho tolo.

Segundo a visão revisionista, no entanto, se tais "simplificações" invocam estereótipos contemporâneos,

JOSÉ ROBERTO O'SHEA

elas também refletem o horizonte de expectativa das plateias londrinas para as quais os textos foram escritos, reescritos, encenados e reencenados. Para os revisionistas, seja qual for a origem de Q1, e mesmo que resulte de uma reconstituição feita de memória, o texto constitui a versão resumida de uma peça bastante extensa, uma versão destinada a ser *levada à cena* por uma trupe menor,[5] em que a presença de músicos, por exemplo, não se faz necessária no palco;[6] portanto, trata-se de um texto cujas qualidades dramáticas são marcantes e, sendo assim, merecem atenção.[7]

Além disso, conforme argumenta W.B. Worthen, a nossa percepção de que um texto transmitido com base na memória de atores é deficiente, menos íntegro do que um texto transmitido por meio da escrita, não condiz com os contextos predominantes no início da Idade Moderna, sobretudo em se tratando de um veículo tão dependente da oralidade, como é o caso do teatro. No teatro elisabetano-jaimesco, em que o grau de letramento era bastante variável (não sabemos, ao certo, se todos os atores eram alfabetizados, nem se estudavam os papéis através da leitura), a ideia de que reconstituição feita de memória constitui um processo corrosivo, e não o meio prevalecente e adequado de transmissão,

---

[5]Weiner, p. 48; Burkhart, p. 97.

[6]Burkhart, p. 109.

[7]Giorgio Melchiori e Jesús Tronch, entre outros, realizam estudos aprofundados, defendendo o potencial dramático de Q1, por eles considerado, respectivamente, uma versão de *Hamlet* "para atuação" (p. 195) e "para o palco" (p. 202).

INTRODUÇÃO

talvez seja um anacronismo, um "problema nosso, não deles".[8]

MAIS AÇÃO E MENOS INTROSPECÇÃO

Como vimos, talvez a primeira evidência de que o texto de Q1 foi encenado já esteja presente na folha de rosto, onde a versão é apresentada conforme "diversas vezes encenada pelos Servidores de Sua Alteza na Cidade de Londres e também nas duas Universidades de Cambridge e Oxford, e em outros locais", portanto, em supostas apresentações no interior.[9] É fato que desde a redescoberta de Q1, em 1823, a teatralidade do texto foi reconhecida por estudiosos e praticantes de teatro. Conforme registra M. Rosenberg, a versão foi elogiada por Granville-Barker, eminente crítico e dramaturgo, e William Poel, primeiro produtor moderno a encenar Q1 (em 1881), acreditava que, das três versões de *Hamlet*, Q1 era a que melhor representava a concepção dramática que Shakespeare tinha da história, além de demonstrar mais coerência teatral e ser mais encenável do que Q2. E a primeira versão de *Hamlet* é mesmo um texto teatral dinâmico e enxuto, comparado às versões mais aceitas — Q2 e F. Com efeito, valorizando características como encenabilidade e parcimônia verbal, estudiosos como Kathleen Irace — editora do texto de Q1 para a série New Cambridge Shakespeare —

[8]Worthen, pp. 42–43.

[9]Em todo caso, convém lembrar que, em contrapartida, a folha de rosto do Q2 não faz qualquer referência à encenação, valorizando a qualidade "literária" do texto, anunciado como "Recém-impresso e aumentado em quase o dobro, de acordo com a cópia fiel e perfeita".

JOSÉ ROBERTO O'SHEA

preferem a expressão "in-quartos curtos" à tradicional "in-quartos espúrios".

As diferenças mais óbvias entre Q1, Q2 e F dizem respeito à extensão, à estrutura, aos nomes dos personagens e às marcações de cena, ou rubricas. Em termos de extensão, Q1 é, nitidamente, a versão mais curta, contendo 2.154 linhas,[10] pouco mais da metade de Q2 (com 4.056 linhas, embora Q1 tenha cerca de 130 linhas exclusivas); por seu turno, Q2 é cerca de 4% mais longo do que F (com 3.907 linhas).

Quanto à estrutura, na edição preparada por Weiner Q1 compreende 18 cenas,[11] sem divisões em atos. As particularidades de Q1 são tão óbvias quanto significativas. Jesús Tronch argumenta que a sucessão de eventos em Q1 é mais linear, mais direta e se beneficia da compactação do tempo da história, de dois dias e duas sequências, em um único dia e uma sequência, o que torna a ação mais ágil.[12] A alteração estrutural mais célebre constatada em Q1 diz respeito nada menos do que à antecipação do solilóquio "Ser ou não ser", para um momento que corresponde à segunda cena do segundo ato, e não à primeira cena do terceiro, conforme ocorre nas versões mais longas. E em Q1, cena 7, o solilóquio "Ser ou não ser" e o subsequente episódio em que Hamlet diz a Ofélia que vá para um convento/bordel ocorrem imediatamente após

[10]Segundo a contagem de Weiner; a contagem de Irace soma 2.221 linhas.

[11]Na edição preparada por Irace, o texto de Q1 é dividido em 17 cenas.

[12]A peça dentro da peça, por exemplo, acontece na noite do dia em que os atores chegam a Elsinore, e não na noite seguinte.

INTRODUÇÃO

Corambis tramar a "entrega" da filha para Hamlet. Os defensores de Q1 argumentam que a antecipação do solilóquio torna a ação mais célere. Afinal, é dramaticamente lógico que, deveras abalado pela aparição e pela exigência que lhe faz o fantasma do pai, Hamlet considere a possibilidade de suicídio, e, em seguida, rejeite tal ideia e planeje agir. Ainda em relação ao célebre solilóquio, Thompson e Taylor apontam uma questão, no mínimo, intrigante, relacionada à tese de "reconstrução feita de memória". Diante da notoriedade que o primeiro verso do solilóquio veio a adquirir no teatro e na literatura mundial, seria de estranhar que o ator responsável pela reconstrução deixasse de recordar, com exatidão, o celebérrimo "Ser ou não ser, eis a questão"; afinal, o texto de Q1 registra: "Ser ou não ser — sim, eis aí o ponto", assertiva que, aliás, sugere mais ação do que reflexão.

Outra mudança estrutural óbvia é a presença de uma cena entre Horácio e Gertred exclusiva a Q1, a cena 15 (na edição de Weiner; em Irace, e em Thompson e Taylor, cena 14) — uma cena tão breve (são apenas 35 linhas) quanto crucial para a caracterização da Rainha. Segundo Irace, entre todos os "in-quartos curtos" das peças shakespearianas, somente o Q1 de *Hamlet* contém uma cena que não consta das versões mais extensas, uma cena que compacta dados de três cenas existentes nas versões mais longas e inexistentes em Q1. Depois que Ofélia enlouquece, Horácio informa à Rainha que Hamlet está a salvo e de volta à Dinamarca, tendo revertido a trama do Rei. As 35 linhas dessa cena sintetizam informações espalhadas em três cenas que nas versões mais extensas tratam das aventuras marítimas de Hamlet: a saber, a cena de 33 linhas em que os marinheiros entregam a carta de Hamlet a Horácio (4.6); as primeiras 54 linhas da cena em que Cláudio e Laertes tomam conhecimento da volta de Hamlet (4.7); e as primeiras 74 linhas da cena em que Hamlet relata a viagem e os detalhes da fuga a Horácio (5.2).

Nessa cena singular, ao ouvir o relato de Horácio, Gertred se posiciona nitidamente ao lado do filho, contra o marido, afirmando ter percebido a traição no olhar de Cláudio, dizendo-se disposta a fingir agradar ao Rei e pedindo a Horácio que recomende cuidado a Hamlet, para que os planos do Príncipe não fracassem. No final da cena, a Rainha se despede de Horácio, abençoando o filho "mil vezes". Com notável economia dramática, essa cena exclusiva acelera o ritmo da ação e logo traz o protagonista de volta ao palco.

São também evidentes as diferenças dos nomes dos personagens. Polônio, por exemplo, aqui se chama Corambis; Gertrudes é Gertred; Reinaldo (Q2), ou Reinoldo (F) chama-se Montano; Voltemando é Voltemar; Fortimbrás é Fortembrasse (Fortebraço); Rosencrantz, ou Ronsencraus (Q2), ou Rosincrance (às vezes, Rosincrane) (F) e Guilderstern chamam-se Rosencraft e Gilderstone, versões mais anglicizadas.[15]

Outra particularidade de Q1 são as marcações de cena, mais abundantes e notadamente "teatrais" do que as que constam do Q2 ou do Fólio. Q1 apresenta seis entradas e saídas a mais do que as versões mais extensas. Em Q1, Ofélia aparece em cena "tocando

[15]Burkhart, p. 100.

INTRODUÇÃO

alaúde, com os cabelos soltos e cantando"; na cena da alcova, o Fantasma entra "de camisolão"; mais tarde, "Hamlet salta dentro do túmulo" de Ofélia e luta com Laertes, em pleno sepultamento da jovem, verdadeiro *coup de théâtre*, rubrica tantas vezes sequestrada por montagens baseadas em Q2 ou F. Na cena do duelo entre Hamlet e Laertes, enquanto Q2 não apresenta rubrica relativa à troca de floretes (elemento crucial no desfecho trágico) e F assinala que "Na luta os floretes são trocados", Q1 registra, com emoção: "Um pega o florete do outro".

As diferenças menos óbvias entre as três versões de *Hamlet* dizem respeito à caracterização. O já citado papel da Rainha, por exemplo, tem menos falas do que nas versões mais longas. No entanto, temos em Q1 uma Rainha mais maleável, mais amável, como vimos, uma aliada do filho (e de Horácio) contra o novo Rei. Em Q1, na primeira cena da peça, Cláudio não anuncia, nem explica seu casamento com Gertred, o que diminui a importância do fato. Irace comenta que, nessa mesma cena, quando o Rei se volta para Hamlet, Gertred permanece calada, pois a fala que inicia com as palavras *"Good Hamlet, cast thy nighted colour off"* ("Hamlet, livra-te deste luto") inexiste em Q1. Na realidade, o Primeiro in-quarto confere à Rainha apenas duas linhas na primeira cena da peça. E, na segunda vez que surge em cena, Gertred fala apenas uma linha, enquanto Cláudio saúda e instrui Rosencraft e Gilderstone. Nas versões mais longas, a Rainha enaltece os dois espiões, sugere que sua ajuda será recompensada e ordena que a dupla seja levada à presença do Príncipe.

Contudo, embora o papel de Gertred seja relativa-

JOSÉ ROBERTO O'SHEA

mente reduzido em Q1, dois trechos cruciais atribuem falas à Rainha, falas que enfatizam a já aludida aliança com Hamlet, e não com o Rei, o que constitui importante alteração da personagem. Na já citada cena da alcova, a Rainha nega claramente qualquer cumplicidade no assassinato do pai de Hamlet e jura auxiliar o filho na vingança. Quando Hamlet revela que Cláudio matou o primeiro marido de Gertred, esta exclama: "Nada sei desse horrendo assassinato". Na mesma cena, a Rainha promete ao filho esconder, apoiar e facilitar qualquer estratagema por ele armado.[14] E na já mencionada cena exclusiva com Horácio, como vimos, a Rainha deixa clara a sua desconfiança quanto à traição de Cláudio e reitera a promessa de assistir o filho.

Tronch conclui que em Q1 a personagem da Rainha é construída de modo a justificar a expressa e contundente aliança dela com o filho, em vez de com Cláudio, na segunda parte da peça. Em Q1, Gertred é culpada tão somente de um casamento apressado e, dado o etos contemporâneo, escandaloso. As alterações na caracterização da personagem, conforme apontado pelos estudiosos, tornam-na mais benevolente: a mãe que conspira ao lado do filho e de um amigo deste contra o Rei vilão.

E o Cláudio de Q1 é mais perverso, menos hábil no uso da retórica, um rei mais medieval do que renascentista. As primeiras 27 linhas de Cláudio na

---

[14]As falas em questão fazem ecoar, nitidamente, Bellimperia, personagem de *A tragédia espanhola* (1592), de Thomas Kyd. Dada a tese de reconstrução por memória, sugere-se que um mesmo ator houvesse atuado nas peças de Shakespeare e Kyd, e que esse ator teria inserido a fala de Bellimperia na de Gertred.

INTRODUÇÃO

segunda cena das versões mais longas da peça são omitidas em Q1, diminuindo a primeira impressão do monarca-estadista, quiçá "magnânimo". Q1 omite também cinco linhas que ressaltam a crise de consciência e o remorso do usurpador (3.1.5–54). Além disso, a fala de Cláudio no célebre momento da suposta oração de perdão aos céus (3.3) é reduzida a uma terça parte em Q1, diminuindo a expressão da consciência do Rei e, consequentemente, a possibilidade de o monarca conquistar a simpatia do público. E mais: em Q1, é Cláudio que maquina *os três* estratagemas para matar Hamlet: o florete sem proteção, a taça envenenada e a ponta envenenada do florete (este último estratagema nas versões mais extensas é proposto por Laertes).

Quanto a Corambis, em Q1, talvez o velho conselheiro seja ainda mais tolo do que nas versões mais longas.[15] Na cena 6, por exemplo, ele é mais prolixo e mais estressado do que Polônio na cena correspondente (2.1.1–71); e na cena 7, Corambis afirma, tolamente, que os atores têm em seu repertório peças de "Platão", em vez de dizer "Plauto", opção mais sensata que, de fato, consta de Q2 e F, mas que enfraquece a caracterização da personagem como bufão.

A Ofélia de Q1 se posiciona literalmente ao lado do pai, quando este lê para a Rainha e o Rei a carta de amor que Hamlet lhe escrevera. A alteração produz um efeito significativo sobre a caracterização da jovem. Conforme assinala Irace, Ofélia parece aqui ainda mais frágil e vitimada do que nas versões mais extensas, ainda mais manipulada, exposta à indiscrição

[15]Irace, p. 13.

JOSÉ ROBERTO O'SHEA

de ouvir a carta do amante lida para a mãe e o padrasto deste. Sob o ponto de vista cênico, a leitura pública da carta de amor na presença da própria Ofélia pode constituir um momento de intensidade patética, reforçando a condição submissa das mulheres em Elsinore. Mais do que nunca, no decorrer da ação, os homens que devem proteger Ofélia (seu pai, seu rei e seu amante) manipulam-na e parecem unir forças para destruí-la.

A exemplo do papel de Gertred, o de Hamlet também tem menos falas em Q1 do que em Q2 ou F.[16] Dado o ritmo mais acelerado da ação, em Q1, Hamlet se mostra menos introspectivo e mais focado na vingança do que o Príncipe que protagoniza as versões mais longas. Se, por um lado, o enredo é aqui menos complexo, por outro, temos um herói mais determinado. O fato de no diálogo com o coveiro, por exemplo, não ocorrer qualquer referência à idade de Hamlet (cerca de trinta anos em Q2 e F) pode sugerir um Príncipe mais jovem, mais coerente com a condição de estudante universitário (em Wittenberg) e com a sua natureza mais impulsiva, menos filosófica, conforme constatada em Q1.[17]

Quanto à diminuição das falas do Hamlet de Q1, o corte mais significativo é o do último solilóquio do príncipe (4.4 em F). Hamlet não assiste à marcha de Fortebraço, não interage com o Capitão, e tampouco afirma "As ocasiões se voltam contra mim/ E instigam

---

[16]O foco da minha análise são as diferenças identificáveis no Hamlet de Q1, mas cumpre registrar que, explorando as diferenças entre Q2 e F, Paul Werstine demonstra que, no caso dessas duas versões, nenhum outro papel varia tanto quanto o de Hamlet.

[17]Irace, p. 15.

INTRODUÇÃO

minha plácida vingança!". Nas versões mais longas, das quais constam esse solilóquio, Hamlet, ainda tão tardiamente na peça, insiste em ponderar acerca da vingança. É verdade que a suposta — e célebre — hesitação do Príncipe é noção crítica simplista e lugar-comum, mas não há como negar que, em Q1, a ausência dessa vacilação tardia sugere um protagonista menos hesitante.

Contudo, esse Hamlet mais determinado morre sem saber da aproximação de Fortebraço, e sem declarar que o jovem príncipe norueguês será o próximo Rei da Dinamarca:

> Que vergonha, Horácio! Se morreres,
> Deixas atrás de ti um grande escândalo!
> Quem contará a história dessas mortes,
> Se não tu? Ah, meu peito dói, Horácio;
> Meus olhos já não veem, mi'a língua cala.
> Horácio, adeus. Que o céu receba mi'a
> alma!

Ou seja, em Q1, nos instantes finais da peça, ao reivindicar o trono dinamarquês, Fortebraço não realiza qualquer desejo expresso por Hamlet. Esse Fortebraço é um príncipe norueguês ao qual Hamlet jamais se referiu. E nenhum integrante da velha ordem, nem mesmo o herói agonizante, tem voz na definição da nova ordem política a ser instalada. Se, por um lado, o final de Q1 parece mais fatalista, fora do controle de Hamlet, por outro a nova ordem sugere um rompimento radical com a antiga, prenunciando, de modo mais contumaz, um novo começo.

A meu ver, as diferenças entre Q1, Q2 e F não devem ser entendidas como acidentais ou aleatórias;

JOSÉ ROBERTO O'SHEA

antes, elas podem ser encaradas como resultantes de impulsos criativos coerentes que visam à construção de um texto dramático mais enxuto, pois, embora Q1 tenha cerca de 1.600 linhas a menos do que Q2, nada de fundamental à ação presente no segundo falta ao primeiro. E o cotejo entre as três versões de *Hamlet* revela também que os trechos cortados muitas vezes se caracterizam por certa adiposidade retórica.[18] E, convém lembrar, essa primeira versão de *Hamlet* está inserida no contexto social elisabetano-jaimesco. Sob tal perspectiva, Q1 — precisamente, com sua dúbia qualidade textual, dimensão reduzida, rubricas singulares e enredo simplificado — representa um momento crucial na história da peça, e não é apenas a forma aviltada e corrompida de uma obra ideal.[19] Portanto, se valorizarmos *mais* a dimensão histórica, que entende tais variações como resultado da colaboração ou da interação de agentes contemporâneos a Shakespeare e atuantes no meio teatral e editorial londrino, e *menos* a dimensão metafísica, que ressalta a genialidade, a singularidade e a atemporalidade do autor na produção e reprodução da "essência" de *Hamlet*, veremos que pouco importa se esse impulso criativo é autoral, shakespeariano ou não.

Em suma, *as três* versões de *Hamlet* têm autoridade porque foram publicadas e "consumidas" na Inglaterra no início do século XVII, serviram de base para o trabalho de atores e foram recebidas por plateias em montagens realizadas no período elisabetano-jaimesco.

[18]Burkhart, p. 99 e p. 105.
[19]Worthen, p. 172.

INTRODUÇÃO

E muitas das centenas de discrepâncias entre Q1, Q2 e F podem ser explicadas se aceitarmos que cada texto concretiza um momento distinto na historiografia cênica da peça. Portanto, vale menos refletir acerca dos dilemas ou mitos de origem ou autenticidade de cada uma das três variantes, e vale mais investigar os efeitos temáticos e as implicações cênicas das diferenças constatáveis entre as três versões. E, se a qualidade da linguagem que constitui o Primeiro in-quarto talvez deixe a desejar diante da excelência das versões mais conhecidas, em contrapartida, a primeira versão se destaca por sua inerente teatralidade, por ser mais ação, menos introspecção, mais teatro, menos literatura.

Q1 HAMLET EM PERFORMANCE

Comentando os chamados "*bad quartos*" de peças shakespearianas, Stephen Orgel relembra que, segundo consta, tais versões resultam, diretamente, de textos encenados e, no caso do Q1 de *Hamlet*, talvez de uma montagem específica. Assim sendo, para Orgel, enquanto indicadores de performance dramática, os supostos "*bad quartos*", na verdade, seriam os "*good quartos*".

E o Primeiro in-quarto de Hamlet tem sido submetido e aprovado no teste do tablado, somando quase 30 montagens, em contextos anglófonos e não anglófonos, entre 1881 e 2003.[20] Até o presente (2009), um dos relatos mais detalhados de encenações de Q1 de *Hamlet* é atribuído a Kathleen O. Irace, na já citada edição do

---

[20]Thompson e Taylor, *Texts*, p. 17 e pp. 38–39.

JOSÉ ROBERTO O'SHEA

texto por ela preparada e publicada em 1998.[21] Irace
analisa, brevemente, onze montagens e faz referências
a outras oito. Ann Thompson e Neil Taylor desenvol-
vem a análise de várias produções tratadas por Irace
e identificam outras seis montagens, anteriores, e três
posteriores a 1998. Thompson e Taylor ressaltam que
a primeira versão de *Hamlet* já foi encenada, com sucesso, na Alemanha, França, Suécia, República Tcheca,
Japão e nos Estados Unidos, além do Reino Unido.

Os atores apreciam o ritmo mais intenso, a natureza menos reflexiva da primeira versão em relação às
outras duas, o fato de as emoções serem mais cruas e
do espetáculo depender mais da atuação do conjunto
do que de um protagonista estelar. Conforme destacam
Thompson e Taylor, o "charme" de Q1 reside, precisamente, em não ser o *Hamlet* canônico, mas, sim, na
possibilidade de surpreender, de ensejar novas expe-
riências a atores e plateias já familiarizados com as
versões mais longas. Afinal, com estrutura compacta e
coesa, com personagens mais nitidamente delineados,
com rubricas sumamente performáticas, e apelando
mais à ação do que à introspecção, mais à emoção do
que ao intelecto, Q1 encerra um texto de extrema teatralidade, com eventos que se desenrolam com rapidez,
rumo à catástrofe, configurando uma vigorosa tragédia
de ação e vingança.

Com base na existência de um texto alemão inti-
tulado *Der bestrafte Brudermord oder Prinz Hamlet
aus Dännemark* (conhecido em inglês como *Fratricide
Punished*, ou seja, "fratricídio punido"), os estudiosos

---

[21]Irace, pp. 20–27.

INTRODUÇÃO

26 | registram a probabilidade de montagens de uma versão similar ao Q1, na Alemanha, já no início do século XVII.[22] Visitas de trupes inglesas à Alemanha são bem documentadas, e uma peça com o título *Tragoedia von Hamlet einen Prinzen in Dennemarck* foi encenada, em Dresden, em 1626. O texto dessa peça apresenta traços inconfundíveis do Q1, por exemplo, quanto à ordenação das cenas.[23]

No mundo anglófono, destacam-se algumas produções. A historiografia de Q1 em performance remonta a 1881, à já citada produção dirigida por William Poel. Em 1880, foram reeditados fac-símiles do Q1 e do Q2 de *Hamlet*, sob a égide da New Shakspere (sic) Society, com prefácios assinados pelo diretor da sociedade, Frederick James Furnivall, e em 1881 foi descoberto o célebre desenho do palco do Teatro Swan (*c.* 1596), em Londres, obra atribuída ao estudante holandês Johannes de Witt. Sempre interessado em experimentação cênica e no resgate da "autenticidade" do teatro elisabetano-jaimesco, e acreditando que o Q1 de *Hamlet* talvez encerrasse uma versão utilizada pela trupe do próprio Shakespeare,[24] Poel se inspira nessa reedição do Q1 e escreve a Furnivall, em fevereiro de 1881, sugerindo que a New Shakspere Society patrocinasse uma montagem do Q1. Na carta, Poel ressalta que o texto do Q1 suscita o interesse dos atores porque

o editor [adaptador, indivíduo que reconstruiu o texto] busca reproduzir a peça tal e qual por ele testemunhada e, por-

---

[22]Thompson e Taylor, *Texts*, p. 17; Irace, p. 20.
[23]Ibid.
[24]Irace, p. 23.

JOSÉ ROBERTO O'SHEA

tanto, na ordenação das cenas, nas rubricas, nas omissões e alterações há muitas orientações e instruções atinentes à encenação da peça tal e qual ocorria na época de Shakespeare.[25]

A resposta de Furnivall foi positiva, e o Q1 foi encenado no St. George's Hall, em Londres, em 16 de abril de 1881. Contudo, a montagem não foi bem recebida pela imprensa, talvez em decorrência da concomitante presença do *Hamlet* de Sir Henry Irving, no Lyceum Theatre, encenado ao estilo setecentista ainda em voga à época, ou porque, em sua maioria, os atores eram amadores cujos tropeços causavam riso na plateia.[26] De fato, a produção dirigida por Poel era simplória e no elenco inexperiente figurava o próprio Poel no papel-título. Os críticos consideraram a montagem mal ensaiada e o texto mal enunciado.

Quando, em 1900, Poel voltou a produzir uma montagem divulgada como Q1 de *Hamlet*, na verdade, o texto utilizado foi o Fólio, adaptado segundo a ordem das cenas do Q1.[27] Nessa montagem, o elenco, exclusivamente masculino, com Poel no papel de Corambis, era mais experiente. A produção foi recebida com mais entusiasmo do que a anterior, embora alguns críticos se queixassem, com razão, de que a montagem não era, de fato, fiel ao Q1.

No verão de 1978, Geoff Bullen dirigiu os formandos da Academia Real de Arte Dramática, em Londres, numa produção do Q1 cuja recepção crítica foi um tanto fria. No final dos anos 70 e nos anos 80 houve

---

[25]Apud Thompson e Taylor, *Texts*, p. 19.
[26]Irace, p. 23.
[27]Thompson e Taylor, *Texts*, p. 19.

INTRODUÇÃO

montagens nos Estados Unidos (Minnesota, Califórnia e Utah). Em 1982, na Universidade do País de Gales, em Swansea, Christopher McCullough encarna o papel de Hamlet, e avalia a experiência, numa entrevista concedida a Bryan Loughrey, dez anos mais tarde: "O que o Primeiro in-quarto nos aponta [...] não é literatura, mas prática teatral. O Primeiro in-quarto nos revela o que talvez acontecesse no palco elisabetano".[28] Segundo McCullough, o trabalho com o texto do Q1 permitiu-lhe nova perspectiva acerca dos solilóquios, em contraste à perspectiva pós-romântica, introspectiva, então vigente:

Eu não podia dizer "Sim, eis aí o ponto" voltando-me para mim mesmo e fingindo que a plateia não estava ali. "Ser ou não ser; sim, eis aí o *ponto*", na verdade, só fazia sentido se fosse falado diretamente *para a plateia*. Utilizei o solilóquio para sugerir ao público o que ocorria na narrativa, e acho que, sendo assim, o Primeiro in-quarto nos fornece dicas sobre a natureza mais aberta do teatro elisabetano.[29]

Ainda nos anos 80, precisamente em 1985, Sam Walters dirigiu o Q1 numa produção encenada no Orange Tree Theatre, em Richmond, perto de Londres, merecendo boa recepção por parte da crítica.

No início da década de 1990, houve três montagens do Q1 de *Hamlet*, duas nos Estados Unidos (em Forth Worth e Seattle) e uma no Reino Unido, pela companhia itinerante Medieval Players, sob a direção de Ben Benison. Em 1996, alunos do Shakespeare Institute, filiado à Universidade de Birmingham e sediado em

---

[28]Loughrey, p. 124.
[29]Loughrey, p. 126.

JOSÉ ROBERTO O'SHEA

Stratford-upon-Avon, encenaram o Q1 no salão principal do Instituto. A montagem foi dirigida por Mychelle Abernethy, com Adam Hailes no papel de Hamlet. Paul Edmondson, que encarnou Horácio, publicou um relato da experiência, destacando as singularidades do papel na versão Q1: Horácio "fala *menos*, à medida que a peça avança, mas parece observar *mais*"; em decorrência desse fato, o Horácio do Q1 talvez se desenvolva mais do que a personagem correlata no Q2 e no F.[30] Referindo-se ao encontro exclusivo entre Horácio e a Rainha que consta do Q1, Edmondson admite a dificuldade da cena e relembra que, na montagem realizada no Instituto, o efeito dramático foi acentuado por uma interpolação visual, uma nova personagem, o Bobo da Corte, que escuta a conversa sem nada dizer.

A montagem encenada pela companhia Red Shift, no Bloomsbury Theatre, em Londres, na temporada 1999–2000, exibiu o título *Hamlet: First Cut* (Hamlet: Primeira Versão), talvez uma analogia à indústria cinematográfica, e alcançou grande sucesso, especialmente junto ao público jovem.[31] Em 2003, Q1 foi montado pela companhia Theatre of Note, em Los Angeles, sob a direção de Andrew Borba, que se afastou da questão da "autenticidade" das práticas cênicas geralmente associadas a produções do Primeiro in-quarto e escalou uma atriz, Alina Phelan, para o papel de Hamlet.[32]

Fora de contextos de língua inglesa, merece destaque uma montagem bem-sucedida realizada na Suécia,

[30] Edmondson, pp. 27, 29, 37–38.
[31] Thompson e Taylor, *Texts*, p. 30.
[32] Thompson e Taylor, *Texts*, p. 35.

INTRODUÇÃO

em 1968, dirigida por Hans Rastan, a partir de uma tradução feita por Gunnar Sjögren, responsável também pela dramaturgia do espetáculo. Em 1978, Evald Schorm dirigiu uma montagem encenada em Praga, pela trupe na qual Václav Havel iniciou a carreira como contrarregra. Em 1983, Tetsuo Anzai traduziu e dirigiu uma produção do Q1 de *Hamlet*, em Tóquio e em turnê pelo Japão, e, em 1984, Gunther Fleckenstein dirigiu o espetáculo *Hamlet 1603*, em Göttingen, na Alemanha.

É fato que desde a redescoberta de Q1, em 1823, muitas montagens teatrais e fílmicas de *Hamlet* baseadas no Q2 e no Fólio — desde Michael Benthall, em 1957, a Kenneth Branagh, em 1997 — têm feito empréstimos à primeira versão da peça.[33] Em termos de estrutura, por exemplo, são frequentes os já mencionados adiantamentos do solilóquio "Ser ou não ser" e do encontro entre Hamlet e Ofélia, no qual o Príncipe repete à jovem que vá para um convento. As já citadas rubricas de Q1 — Hamlet saltando dentro do túmulo de Ofélia e lutando com Laertes, Ofélia entrando em cena com o alaúde e cantando, ou o Fantasma de camisolão na cena da alcova — também costumam ser adotadas por produções baseadas em Q2 e F. Tais empréstimos, admitidos ou não, ocorrem precisamente porque a primeira versão de *Hamlet* é mesmo extremamente encenável — mais teatral do que literária. E as quase 30 montagens arroladas, no Reino Unido, na Europa Continental, na América do Norte e na Ásia, atestam o interesse e o gosto de atores, encenadores, tradutores e

---

[33]Irace enumera e comenta várias dessas montagens (pp. 20 e 21).

JOSÉ ROBERTO O'SHEA

plateias pelo *Hamlet* curto. Nesse particular, já é hora de os contextos lusófonos serem contemplados com traduções e encenações do *Hamlet* de 1603, mais curto e enxuto.

BIBLIOGRAFIA

AALTONEN, Sirkku. *Time-Sharing on Stage: Drama Translation in Theatre and Society*. Topics in Translation 17. Clevedon: Multilingual Matters, Ltd., 2000.

ABBOTT, *A Shakespearian Grammar*. Revised Edition. London: Macmillan, 1872.

ADAMSON, Sylvia, Lynette Hunter, Lynne Magnusson, Ann Thompson e Katie Wales. *Reading Shakespeare's Dramatic Language: A Guide*. The Arden Shakespeare. London: Thomson, 2001.

ALEXANDER, Peter. *Shakespeare's Punctuation*. Annual Shakespeare Lecture of the British Academy. Volume XXXI. London: Geoffrey Cumberlege, 1945.

ALLEN, Michael J.B. e Kenneth Muir, eds. *Shakespeare's Plays in Quarto*. Berkeley: University of California Press, 1981.

ASIMOV, Isaac. *Asimov's Guide to Shakespeare*. Two volumes. New York: Avenel, 1980.

BASSNETT, Susan. "Translating for the Theatre: the Case Against Performability." *Traduction, Terminologie, Redaction*. Montreal: Concordia University. Vol. IV 1 (1991): pp. 99–111.

_____. "Ways through the Labyrinth: Strategies and Methods for Translating Theatre Texts." *The Manipulation of Literature*. Ed. Theo Hermans. New York: St. Martin's Press, 1985, pp. 87–102.

BERTRAM, Paul e Bernice W. Kliman, eds. *The Three-Text Hamlet. Parallel Texts of the First and Second Quartos and First Folio*. New York: AMP Press, 1991.

BLAKE, N.F. *The Language of Shakespeare*. London: Macmillan, 1989.

INTRODUÇÃO

BLOOM, Harold. *Hamlet: Poema Ilimitado*. Trad. José Roberto O'Shea. Acompanhado de *Hamlet*, na tradução de Anna Amélia de Queiroz Carneiro de Mendonça. Rio de Janeiro: Editora Objetiva, 2004.

———. *Shakespeare: A Invenção do Humano*. Trad. José Roberto O'Shea. Rio de Janeiro: Editora Objetiva, 1998.

BOYCE, Charles. *Shakespeare A to Z: The Essential Reference to His Plays, His Poems, His Life and Times, and More*. New York and Oxford: Roundtable Press, Inc., 1990.

BROOK, G.L. *The Language of Shakespeare*. London: André Deutsch Ltd., 1976.

BROWN, John Russell. *Shakespeare: the Tragedies*. London: Palgrave, 2001.

BURKHART, Robert E. *Shakespeare's Bad Quartos*. The Hague: Mouton, 1975.

BYRNE, M. St. Clare. "The Foundations of Elizabethan Language." *Shakespeare Survey* 17 (1964): pp. 223–39.

CAMPBELL, O.J. with E.G. Quinn, eds. *A Shakespeare Encyclopaedia*. London: Methuen & Co., Ltd., 1966.

CLAYTON, Thomas, ed. *The Hamlet First Published (Q1, 1603): Origins, Form, Intertextualities*. Newark: University of Delaware Press, 1992.

COSTA, Luiz Angélico. "O Processo de Recriação de Quatro Solilóquios de Hamlet". In *Literatura Traduzida e Literatura Nacional*. Org. Andréia Guerini, Marie-Hélène Torres e Walter Carlos Costa. Rio de Janeiro: 7Letras, 2008, pp. 167–78.

CRYSTAL, David e Ben Crystal. *Shakespeare's Words: A Glossary e Language Companion*. London: Penguin, 2002.

DAVIS, J. Madison & A. Daniel Frankforter. *The Shakespeare Name and Place Dictionary*. London and Chicago: Fitzroy Dearhorn, 1995.

DAWSON, Anthony B. *Hamlet*. Shakespeare in Performance. Manchester: Manchester University Press, 1995.

DELABASTITA, Dirk. "Shakespeare Translation". *Routledge Ency-*

JOSÉ ROBERTO O'SHEA

clopedia of Translation Studies. Ed. Mona Baker & Kirsten Malmkjaer. London and New York: 1998, pp. 222–226.

———. "Shakespeare in Translation: A Bird's Eye View of Problems and Perspectives." *Accents Now Known: Shakespeare's Drama in Translation*, pp. 15–27.

———. ed. *Traductio: Essays on Punning and Translation*. Manchester: St. Jerome, 1997.

———. ed. *Wordplay and Translation*. Manchester: St. Jerome, 1996.

DELABASTITA, Dirk and Lieven

D'HULST, eds. *European Shakespeares: Translating Shakespeare in the Romantic Age*. Amsterdam/Philadelphia: John Benjamins Publishing Co., 1993.

DÉPRATS, Jean-Michel. "The 'Shakespearean Gap' in French." *Shakespeare Survey* 50 (1997): pp. 125–33.

———. "Translation at the Crossroads of Past and Present". *Translating Shakespeare for the Twenty-First Century*. Eds. Rui Carvalho Homem & Ton Hoenselaars. Amsterdam: Rodopi, 2004, pp. 65–78.

DORAN, Madeleine. *Shakespeare's Dramatic Language*. Madison: University of Wisconsin Press, 1976.

EDMONDSON, Paul. "'A sad story tolde': Playing Horatio in Q1 *Hamlet*". *Hamlet Studies* 22 (2002): 26–39.

EVANS, Ifor. *The Language of Shakespeare's Plays*. Third Edition. London: Methuen, 1996.

FOX, Levi. *The Shakespeare Handbook*. London: The Bodley Head Ltd., 1988.

GILBERT, Anthony J. *Shakespeare's Dramatic Speech*. Studies in Renaissance Literature 15. Lewiston: Edwin Mellen Press, 1997.

GOOCH, Steeve. "Fatal Attraction." In *Stages of Translation*, pp. 13–21.

GREG, W.W. "Introductory Note". *Shakespeare Quarto Facsimiles* 7. London: The Shakespeare Association, 1951.

INTRODUÇÃO

HALIO, Jay. *Understanding Shakespeare's Plays in Performance.* Houston: Scrivener, 2001.

HEINEMANN, Margot. "How Brecht Read Shakespeare." *Political Shakespeare: New Essays in Cultural Materialism.* Eds. J. Dollimore and A. Sinfield. Manchester: Manchester University Press, 1985. pp. 202–30.

HEYLEN, Romy. *Translation, Poetics and the Stage: Six French Hamlets.* London: Routledge, 1993.

HOLLAND, Peter. *English Shakespeares: Shakespeare on the English Stage in the 1990s.* Cambridge: Cambridge UP, 1997.

HOPE, Jonathan. *Shakespeare's Grammar.* The Arden Shakespeare. London: Thomson, 2003.

IRACE, Kathleen O. "Introduction". *The First Quarto of Hamlet.* The New Cambridge Shakespeare. Ed. Kathleen O. Irace. Cambridge: Cambridge University Press, 1998. pp. 1–27.

――――. *Reforming the "Bad" Quartos: Performance and Provenance of Six Shakespearean First Editions.* Newark: University of Delaware Press, 1994.

JOHNSTON, David. "Theatre Pragmatics." In *Stages of Translation*, pp. 57–66.

――――. ed. *Stages of Translation: Essays and Interviews on Translating for the Stage.* Bath: Absolute Press, 1996.

KASTAN, David Scott, ed. *A Companion to Shakespeare.* Oxford: Blackwell, 2000.

KENNEDY, Dennis. "Shakespeare Without His Language." *Shakespeare, Theory, and Performance.* Ed. James C. Bulman. London: Routledge, 1996, pp. 133–48.

KENNEDY, Dennis, ed. *Foreign Shakespeare: Contemporary Performance.* Cambridge: Cambridge University Press, 1993.

LOUGHREY, Bryan. "Q1 in Recent Performance: An Interview". In Clayton, pp. 123–36.

MAHOOD, M.M. *Shakespeare's Wordplay.* London: Methuen, 1957.

MARTINS, Marcia do Amaral Peixoto. "A Instrumentalidade do

JOSÉ ROBERTO O'SHEA

Modelo Descritivo para a Análise de Traduções: O Caso dos *Hamlets* Brasileiros". PUC-SP, 1999.

MCDONALD, Russ. *Shakespeare and the Arts of Language*. Oxford Shakespeare Topics. Oxford: Oxford University Press, 2001.

MCGUIRE, Philip C. "Which Fortinbras, Which *Hamlet*?". In CLAYTON, Thomas, ed. In *The Hamlet First Published (Q1, 1603): Origins, Form, Intertextualities*, pp. 151–178.

MELCHIORI, Giorgio. "*Hamlet*: The Acting Version and the Wiser Sort". In CLAYTON, Thomas, ed. *The Hamlet First Published (Q1, 1603): Origins, Form, Intertextualities*.

MULHOLLAND, J. "'Thou' and 'You' in Shakespeare: A Study in the Second Person Pronoun." *English Studies* 48 (1967): pp. 34–43.

O'DELL, Leslie. *Shakespearean Language: A Guide for Actors and Students*. London: Greenwood Press, 2002.

OLIVEIRA, Solange Ribeiro. *Hamlet: Leituras Contemporâneas* Ed. Aimara da Cunha Resende. Cesh. Belo Horizonte, Tessitura Editora, 2008.

ONIONS, C.T. *A Shakespeare Glossary*. Enlarged and Revised by Robert D. Eagleson (1986). Oxford: Clarendon Press, 1992.

ORGEL, Stephen. *Imagining Shakespeare*. Basingstoke: Palgrave Macmillan, 2003.

O'SHEA, José Roberto. "*Antony and Cleopatra* em Tradução". *Antônio e Cleópatra*. Tradução e Notas, José Roberto O'Shea. São Paulo: Mandarim, 1998, pp. 21–33.

_____. "*Antony and Cleopatra* into Brazilian Portuguese: Purposes and Procedures".
Multicultural Shakespeare: Translation, Appropriation and Performance. Eds. Yoshiko Kawachi e Krystyna Kujawinska--Courtney. Lodz: Lodz UP, 2004, pp. 51–64.

_____. "Antônio e Cleópatra: A Report on a Translation in Progress". *Anais do VII Encontro Nacional da* ANPOLL (Porto Alegre, maio de 1992). Área de Letras – v. 1. Goiânia, 1993, pp.364–371.

_____. "Domesticar ou Estrangeirar: O Teatro de Shakespeare em

INTRODUÇÃO

Tradução". *Anais da* VI ABRALIC. Org. Raul Antelo. [Florianópolis — agosto de 1998] (1999). CD-ROM.

_____. "From Printed Text to Performance Text: Brazilian Translations of Shakespearean Drama". *Translating Shakespeare for the Twenty-First Century*. Eds. Rui Carvalho Homem & Ton Hoenselaars. Amsterdam and New York: Rodopi, 2004, pp. 145–159.

_____. "Performance e Inserção Cultural: *Antony and Cleopatra* e *Cymbeline, King of Britain* em Português". *Estudos Culturais: Palco, Tela e Página*. Eds. Anelise R. Corseuil e John Caughie. Florianópolis: Insular, 2000, pp. 43–60.

_____. As Primeiras Estrelas Shakespearianas nos Céus do Brasil: João Caetano e o Teatro Nacional. *Visões e Identidades Brasileiras de Shakespeare*. Org. Marcia A. Press. Martins. Rio de Janeiro: Editora Lucerna, 2004, pp. 200–216.

_____. Shakespeare's Drama in Brazilian Portuguese: Two Case Studies. *Shakespeare, His Work, His Time, and His Influence*. Eds. Susanna Marchetti. Anais: First International Shakespeare Conference in Argentina. Instituto Superior del Profesorado. Secretaria de Educación. Gobierno de la Ciudad de Buenos Aires, 2004, pp. 229–238.

_____. ed. *Accents Now Known: Shakespeare's Drama in Translation. Ilha do Desterro*. UFSC. Florianópolis. 36. 1 (1999).

O'SHEA, José Roberto, Daniela Guimarães and Stephan Baumgärtel, eds. *Mixed with Other Matter: Shakespeare's Drama in Appropriation. Ilha do Desterro*. UFSC. Florianópolis. 49.2 (2005).

THE OXFORD ENGLISH DICTIONARY. Second Edition. Prepared by J.A. Simpson & E.S.C. Weiner. 20 vols. Oxford: Clarendon Press, 1989.

PAVIS, Patrice. *A Análise dos Espetáculos*. Trad. Sérgio Sálvia Coelho. São Paulo: Perspectiva, 2003.

_____. *Analyzing Performance: Theater, Dance, and Film*. Trad. David Williams. Ann Press, 2003.

_____. *Theatre at the Crossroads of Culture*. Trad. Loren Kruger. London and New York: Routledge, 1995.

JOSÉ ROBERTO O'SHEA

PUJANTE, Ángel-Luis. "Traducir al Teatro Isabelino, Especialmente Shakespeare." *Cuadernos de Teatro Clásico*. Madrid: Compañia Nacional de Teatro Clásico 4 (1989): pp. 133–57.

ROSENBERG, M. "The First Modern Staging of *Hamlet* Q1". In: CLAYTON, Thomas, ed. *The Hamlet First Published (Q1, 1603): Origins, Form, Intertextualities* pp. 241–48.

RUBINSTEIN, Frankie. *A Dictionary of Shakespeare's Sexual Puns and Their Significance*. Second Edition. London: Macmillan Press Ltd., 1989.

SCHMIDT, Alexander. *Shakespeare-Lexicon*. Third Edition. Revised and Enlarged by Gregor Sarrazin. 2 vols. Berlin: Georg Reimer, 1902.

SCHOENBAUM, S. *William Shakespeare: A Compact Documentary Life* (1978). Revised Edition. New York and Oxford: Oxford University Press, 1987.

SCOLNICOV, Hanna and Peter Holland, eds. *The Play Out of Context: Transferring Plays from Culture to Culture*. Cambridge: Cambridge University Press, 1989.

SHAKESPEARE, William. *Antônio e Cleópatra*. Tradução e Notas de José Roberto O'Shea. São Paulo: Mandarim, 1997.

_____. *The First Quarto of Hamlet*. The New Cambridge Shakespeare. Ed. Kathleen O. Irace. Cambridge: Cambridge UP, 1998.

_____. *Hamlet*. The Arden Shakespeare. Third Series. Eds. Ann Thompson and Neil Taylor. London: Thomson, 2006.

_____. *Hamlet: The Texts of 1603 and 1623*. The Arden Shakespeare. Third Series. Eds. Ann Thompson and Neil Taylor. London: Thomson, 2006.

_____. *Hamlet*. The Arden Shakespeare. Ed. Harold Jenkins. Second Series. London: Methuen, 1982.

_____. *Hamlet* (en sus tres versiones). Compilados y cuidados por Pedro Henríquez Ureña. Trad. de Guillermo MacPherson y Patricio Canto. Buenos Aires; Editorial Losada, S. A., 1997.

_____. *Hamlet*. The Folger Library. Eds. Louis B. Wright & Virginia A. LaMar. New York: Washington Square Press, 1974.

INTRODUÇÃO

_____. *Hamlet*. Trad. Anna Amélia de Queiroz Carneiro de Mendonça. Rio de Janeiro: Agir, 1968.

_____. *Hamlet*. Trad. Ricardo Alberty. Lisboa: Editorial Verbo, 1972.

_____. *Hamlet. The First Quarto – 1603*. Ed. Albert B. Weiner. New York: Barron's Educational Series, 1962.

_____. *Hamleto: Príncipe da Dinamarca*. Trad. Carlos Alberto Nunes. São Paulo: Ediouro, s/d.

_____. *Shakespeare's Hamlet. The First Quarto – 1603*. Third Issue. San Marino: The Huntington Library, 1960.

_____. *The Tragedie of Hamlet, Prince of Denmarke*. Mr. William Shakespeares Comedies, Histories, & Tragedies. A facsimile edition prepared by Helge Kökeritz. New Haven: Yale University Press, pp. 743–772.

_____. *The Tragedy of Hamlet, Prince of Denmark. The Complete Oxford Shakespeare*. Eds. Stanley Wells & Gary Taylor. Oxford: Clarendon Press, 1998, pp. 653–690.

_____. *The Tragedy of Hamlet, Prince of Denmark. The Riverside Shakespeare*. Ed. G. Blakemore Evans. Second Edition. Boston: Houghton Mifflin, 1997, pp. 1183–1245.

SHEWMAKER, E.F. *Shakespeare's Language: A Glossary of Unfamiliar Words in His Plays and Poems*. New York: Facts On File, Inc., 1996.

SIMPSON, Press. *Shakespearean Punctuation*. Oxford: Clarendon Press, 1911.

SPAIN, Delbert. *Shakespeare Sounded Soundly: The Verse Structure and the Language*. Santa Barbara: Capra Press, 1988.

SPEVACK, Marvin. *A Complete and Systematic Concordance to the Works of Shakespeare*. 9 vols. Hildesheim: Georg Olms, 1968.

SUGDEN, Edward H. *A Topographical Dictionary of the Works of Shakespeare and His Fellow Dramatists*. Manchester: Manchester University Press, 1925.

TILLEY, M. Press. *A Dictionary of the Proverbs in England in the*

JOSÉ ROBERTO O'SHEA

Sixteenth and Seventeenth Centuries. Ann Arbor: University of Michigan Press, 1950.

TOTZEVA, Sophia. "Realizing Theatrical Potential: The Dramatic Text in Performance and Translation". *The Practices of Literary Translation: Constraints and Creativity.* Eds. Jean Boase-Beier & Michael Holman. Manchester: St. Jerome, 1999, pp. 81–90.

TRONCH, Jesús. "Dramaturgy and the Acting Version of the First Quarto of *Hamlet*". *Sederi* VII. Eds. S.G. Fernández-Corugedo, Emma Lezcano e Francisco Martín. Coruña: Sociedade Española da Estudios Renascentistas Ingleses, 1996, pp. 201–16.

UPTON, Carole-Anne, ed. *Moving Target: Theatre Translation and Cultural Relocation.* Manchester: St. Jerome, 2000.

URKOWITZ, Steven. "Back to Basics: Thinking About the *Hamlet* First Quarto". In CLAYTON, Thomas, ed. *The Hamlet First Published (Q1, 1603): Origins, Form, Intertextualities*, pp. 257–291.

VENUTI, Lawrence. *The Translator's Invisibility.* London and New York: Routledge, 1995.

VIVIS, Anthony. "The Stages of a Translation." In *Stages of Translation*, pp. 35–44.

WEINER, Albert W. *William Shakespeare: Hamlet, The First Quarto 1603.* Great Neck, NY: Barron's, 1962.

WELLS, Stanley. *Shakespeare: A Bibliographical Guide.* New Edition. Oxford and New York: Oxford University Press, 1990.

———. *Shakespeare: A Life in Drama.* New York & London: Norton, 1995.

WERSTINE, Paul. "The Textual Mystery of *Hamlet*". *Shakespeare Quarterly* 39 (1988): 1–26.

WESTLAKE, J.H.J. *A Shakespeare Grammar.* Ph.D. Thesis. University of Birmingham, 1970.

WILLIAMS, Gordon. *A Dictionary of Sexual Language and Imagery in Shakespearean and Stuart Literature.* 3 vols. London and Atlantic Highlands, NJ: The Athlone Press, 1994.

WILSON, J. Dover. *The Manuscript of Shakespeare's Hamlet and*

INTRODUÇÃO

the Problems of Its Transmission. 2 vols. Cambridge: Cambridge University Press, 1934.

WORTHEN, W.B. *Shakespeare and the Force of Modern Performance.* Cambridge: Cambridge University Press, 2003.

WRIGHT, George T. *Shakespeare's Metrical Art.* Berkeley: University of California Press, 1988.

ZUBER-SKERRITT, Ortrun, ed. *The Languages of the Theatre: Problems in the Translation and Transposition of Drama.* London: Pergamon Press, 1980.

O PRIMEIRO HAMLET
IN-QUARTO DE 1603

THE
Tragicall Historie of
HAMLET
Prince of Denmarke

By William Shake-speare.

As it hath beene diuerse times acted by his Highnesse seruants in the Cittie of London : as also in the two Vniuersities of Cambridge and Oxford, and else-where

At London printed for N.L. and Iohn Trundell.
1603.

Frontispício do Primeiro in-quarto de *Hamlet* (1603)

A trágica história de Hamlet Príncipe da Dinamarca
Conforme diversas vezes encenada pelos Servidores de
Sua Alteza na cidade de Londres e também nas duas
Universidades de Cambridge e Oxford, além de outros
locais. Impresso em Londres para N. L. e John
Trundell 1603[1]

---

[1]Texto que consta do frontispício do Primeiro in-quarto (doravante Q1). O texto base utilizado para esta tradução é *William Shakespeare. Hamlet The First Quarto 1603* editado por Albert B. Weiner, embora cotejado, linha a linha, com a edição fac-símile *Shakespeare's Hamlet The First Quarto 1603* e com a edição *The First Quarto of Hamlet*, preparada por Kathleen O. Irace para a série New Cambridge Shakespeare.

Personagens[†]

HAMLET

FANTASMA DO PAI DE HAMLET

CLÁUDIO
Rei da Dinamarca

GERTRED
Rainha da Dinamarca

FORTEBRAÇO
Príncipe da Noruega

CORAMBIS

HORÁCIO

LAERTES

OFÉLIA

MARCELO

VOLTEMAR

CORNÉLIO

EMBAIXADOR INGLÊS

ROSENCRAFT

GILDERSTONE

UM CAVALEIRO FALASTRÃO

UM PADRE

DUAS SENTINELAS
Bernardo e Outro

MONTANO

QUATRO ATORES

DOIS COVEIROS

[†] A edição fac-símile não apresenta lista de personagens. A lista aqui apresentada é a que consta de Weiner (p. 63).

[Ato I]†

[1]²   (*Entram duas Sentinelas.*)³

PRIMEIRA SENTINELA
Alto! Quem está aí?

SEGUNDA SENTINELA
Sou eu.

PRIMEIRA SENTINELA
Chegais bem na vossa hora.

SEGUNDA SENTINELA
E se encontrardes Marcelo e Horácio,
Meus parceiros de guarda, que se apressem.

PRIMEIRA SENTINELA
Farei isso. Quem vem lá?
       (*Entram Horácio e Marcelo.*)

---

† No Q1 e no Segundo in-quarto (doravante Q2) o texto da peça não contém divisão em atos, e no Primeiro fólio (doravante F) apenas o segundo ato aparece marcado. A divisão de atos e cenas aqui registrada é a que consta da edição preparada por Weiner. Rubricas inseridas entre colchetes não constam do Q1, constituindo, portanto, interpolação editorial (seja de Weiner, Irace ou Blakemore Evans).

²Local: Elsinore, uma plataforma do castelo (as indicações de local seguem Blakemore Evans, na segunda edição *Riverside Shakespeare*).

³A Primeira Sentinela, não identificada no Q1, aparece nas outras versões da peça como Francisco. A Segunda Sentinela é Bernardo.

HORÁCIO
Amigos da terra.

MARCELO
E vassalos do Rei da Dinamarca.
Até mais, soldado. Quem vos rendeu?

PRIMEIRA SENTINELA
Bernardo fica em meu lugar. Boa-noite.
[*Sai.*]

MARCELO
Olá, Bernardo!

SEGUNDA SENTINELA
Dizei, é Horácio?[4]

HORÁCIO
Ele próprio.

SEGUNDA SENTINELA
Bem-vindo, Horácio. Bem-vindo, Marcelo.

MARCELO
Então, a coisa voltou esta noite?

SEGUNDA SENTINELA
Eu não vi nada.

[4]Presume-se que Bernardo mal consegue enxergar Horácio na escuridão.

MARCELO

Horácio diz que tudo é fantasia,
E se recusa a crer na visão tétrica
Que duas vezes vimos. E por isso
Insisti p'ra que ficasse conosco
De guarda esta noite, pois, se outra vez
Surgir a assombração, ele confirma
Os nossos olhos e fala com ela.

HORÁCIO

Ora, ora! Não vai aparecer.[5]

SEGUNDA SENTINELA

Sentai um instante, e deixai-nos de novo
Assaltar vosso ouvido tão armado
Com o que vimos nessas duas noites.

HORÁCIO

Bem, sentemo-nos, e ouçamos Bernardo.

SEGUNDA SENTINELA

Ontem à noite,
Quando aquela estrela, a oeste do polo,
Já completara o curso e iluminava
O ponto do céu onde agora brilha,
E o sino badalava uma hora...
      (Entra o Fantasma.)[6]

---

[5]Horácio é apresentado, inicialmente, como o homem racional, cético, "moderno". Mais tarde, o próprio Hamlet, notoriamente, adverte o caro colega de Wittenberg quanto às limitações da sua filosofia racionalista.

[6]No Q1, a entrada do Fantasma, já na linha 30, ilustra bem a

MARCELO
Parai de falar; ei-lo, novamente!

SEGUNDA SENTINELA
É a mesma figura do Rei morto.

MARCELO
És instruído; fala-lhe, Horácio.[7]

SEGUNDA SENTINELA
Não é bem parecido com o Rei?

HORÁCIO
Muito. Enche-me de temor e espanto.

SEGUNDA SENTINELA
Deseja que lhe falem.

MARCELO
Fala, Horácio.

HORÁCIO
Quem és tu, que assim usurpas a forma
Em que o sepulto Rei da Dinamarca
Costumava marchar?[8] Pelos céus, fala!
(*Sai o Fantasma.*)

celeridade da ação, em contraste com as demais versões, nas quais
a aparição ocorre por volta da linha 43.

[7]Aqui, como em vários outros trechos, a mudança da pessoa do
verbo segue a modulação do original e denota alteração emocional
por parte da personagem que enuncia a fala.

[8]Esta fala de Horácio topicaliza, logo no início da peça, o tema
da usurpação.

MARCELO

Ele se ofendeu.

SEGUNDA SENTINELA
Se vai, indignado.

HORÁCIO
Fica! Fala, fala! Pelos céus, fala!

MARCELO
Foi-se e não deu resposta.

SEGUNDA SENTINELA
E agora, Horácio? Tremeis; estais pálido.
Não será isto mais que fantasia?
Que pensais?

HORÁCIO
Perante Deus, eu não acreditara,
Não fosse o testemunho firme e forte
Dos meus olhos.

MARCELO
Não é igual ao rei?

HORÁCIO
Como és igual a ti mesmo.
Aquela era a armadura que ele usou
Ao lutar com o voraz norueguês.[9]

[9]Supõe-se que Horácio reconheça a armadura com a qual o
Rei Hamlet combateu o Rei da Noruega, mas tal hipótese suscita
uma questão cronológica relacionada à idade de Horácio, pois o

E assim franziu o cenho, quando, em trégua
Violenta, no gelo surrou polacos.[10]
É estranho.

MARCELO

Por duas vezes, nesta hora sombria,
Com esse andar marcial passou por nós.

HORÁCIO

Não sei o que pensar de tudo isto;
Porém, na minha humilde opinião,
É presságio de algo estranho no Estado.

MARCELO

Sentemo-nos, agora, e quem souber
Que me explique por que essa vigília
Noturna, tão severa, oprime os súditos;
Por que todo dia fundem-se canhões
E armas são compradas no exterior;
Por que convocar tantos armadores,
Cuja árdua labuta ignora o domingo.
O que vem por aí, se tanto suor

embate entre os reis teria ocorrido cerca de trinta anos antes — a
não ser, é claro, que Horácio tenha visto a figura do Rei Hamlet em
pinturas.

[10]"Trégua violenta" (*angry parley*) é oximoro eloquente. Não
deveria haver violência, mas negociação, conversação, durante a
trégua. Já foi apontado pela crítica que o fato de o Rei dinamarquês
ter atacado os inimigos durante a suspensão da luta parece com-
prometedor. Cabe registrar que o fac-símile do Q1 não registra
Polacks (polacos), mas *pollax*, *i.e.*, *pole-axe* (arma semelhante a
uma lança). Sigo meu texto base (Weiner), que adota a emenda
Polacks (p. 68).

Faz a noite laborar com o dia?
Quem pode me informar?

HORÁCIO

Ora, eu posso.
Ao menos, o boato: bem sabeis
Que o Rei da Noruega, o Fortebraço,
Movido pelo orgulho e pela inveja,
Nosso finado Rei desafiou;
No embate, o nosso Hamlet, rei bravio
(Assim por estas plagas o julgamos),
Matou o Fortebraço, que, por pacto
Selado e sancionado por lei e armas,
Perdeu, co' a vida, as terras ocupadas,
Que entregues foram, pois, ao vencedor.[11]
Nosso Rei, por seu turno, o equivalente
De terras empenhou.[12] Ora, senhor,
O jovem Fortebraço, verde e ávido
Por mostrar seu valor, arrebanhou
Nas bordas do país um contingente
De marginais, em troca de comida,
Para uma empresa que requer estômago.
Eis, suponho, a razão principal
Desta nossa vigília.

[11] O Rei Fortebraço aqui mencionado é tio do Príncipe Fortebraço que figura na peça.

[12] A parte empenhada pelo Rei dinamarquês caberia ao Rei norueguês, fosse este o vencedor do combate. A ação ora comandada pelo jovem Fortebraço caracteriza o momento em que os norueguenses tentam reaver as terras perdidas, especialmente agora que o velho Rei Hamlet está morto. Daí o nervosismo das sentinelas, na primeira cena da peça, pois é concreta a ameaça de conflito armado.

(*Entra o Fantasma.*)
Mas, quietos! Olhai: Ei-lo novamente!
Vou cruzar-lhe o caminho, que me mate!
Para, ilusão! Se algum ato benévolo
Puder a ti trazer paz e a mim graça,
Fala comigo!
Se sabes o destino do teu país,
Que, previsto, possa ser evitado,
Ah, fala comigo.
Ou se, em vida, riquezas extorquidas
Preservaste no útero da terra,
P'las quais, segundo dizem, vós espíritos,
Mortos perambulais,
   [*O galo canta.*]
      fala comigo,
Para e fala! Agarra-o Marcelo.

SEGUNDA SENTINELA
Ei-lo aqui!

HORÁCIO
Ei-lo aqui!
  (*Sai o Fantasma.*)

MARCELO
Foi-se!
Erramos ao agir com truculência
Diante de tamanha majestade;
Pois ele é, qual o ar, invulnerável,
E nossos golpes vãos, cruel escárnio.

SEGUNDA SENTINELA

Já ia falar, quando cantou o galo.

HORÁCIO

E desapareceu, qual condenado
Perante a intimação. Ouvi dizer
Que o galo, clarim do amanhecer,
Com seu madrugador e agudo canto,
Desperta o deus do dia; e que, ao ouvi-lo,
Quer na terra, no mar, no fogo, no ar,
O espírito errante volta às pressas
Aos seus confins; e que isso é bem verdade
O que presenciamos nos comprova.

MARCELO

Foi-se embora assim que cantou o galo.
Dizem, sempre que chega a estação
Que celebra o nascer do Salvador,
A ave da aurora canta a noite inteira;
E, então, nenhum espírito vagueia.
As noites são boas; astros não afetam,
Fada não encanta, bruxa não enfeitiça,
Tão ameno e sagrado é esse tempo.

HORÁCIO

Assim ouvi, e nisso creio, em parte.
Mas vede, o sol, com seu manto ruivo,
Pisa o orvalho no topo da colina.
Terminemos a guarda; e, a meu conselho,
Vamos contar o que esta noite vimos
Ao jovem Hamlet, pois, por minha vida,
Esse espírito, mudo para nós,

56

A ele falará. Vós concordais,
Que disso o informemos, como exigem
O nosso afeto e a nossa obrigação?

MARCELO

Vamos fazê-lo, peço; e esta manhã
Bem sei onde encontrá-lo.
[*Saem.*]
[2][13]   (*Entram o Rei, a Rainha, Hamlet, Laertes,
Corambis e os dois Embaixadores, com o séquito.*)

REI

Senhores,
Escrevemos ao Rei da Noruega,
Que é tio do jovem Fortebraço,
E que, hoje incapaz e preso ao leito,
Mal conhece os desígnios do sobrinho.[14]
Ora enviamos Cornélio e Voltemar,
Arautos desta nossa saudação
Ao velho norueguês, sem outorgar-vos
Qualquer poder p'ra com o Rei tratar,
Além do que aqui vai estipulado.
Adeus, que a pressa louve o vosso zelo.[15]

---

[13]Local: castelo de Elsinore.

[14]Cláudio se apresenta como um rei eficiente e capaz. No decorrer da crise com a Noruega, ele, ao mesmo tempo, prepara-se para a guerra e recorre à diplomacia. E a sequência de eventos demonstra que a diplomacia resultou bem.

[15]A situação da Noruega é curiosamente análoga à da Dinamarca. Na Noruega, o velho Fortebraço foi sucedido por um irmão mais jovem (não identificado), assim como na Dinamarca o velho Hamlet foi sucedido por um irmão mais jovem (Cláudio). Na Noruega, o filho do rei morto, homônimo do pai, Fortebraço, é excluído

CORNÉLIO E VOLTEMAR

Nisto, e em tudo mais, zelo exibiremos.

REI

Não duvidamos; nosso adeus cordial!
[*Saem Cornélio e Voltemar.*]
Então, Laertes, trazeis alguma nova?
Falastes de um pedido. Que é, Laertes?

LAERTES

Meu bom senhor, a vossa permissão,
Já findos os rituais do funeral,
Para que eu possa à França regressar.
Pois, embora o favor da vossa graça
Me inste a ficar, há algo que murmura
No meu peito e me faz querer a França.

REI

Vosso pai consentiu, Laertes?

CORAMBIS

Arrancou-me, senhor, a concessão,
E licença eu rogo a Vossa Alteza.

REI

De coração, Laertes, vai em paz.

LAERTES

Parto exprimindo afeto e lealdade.
(*Sai.*)

da sucessão e, na Dinamarca, o filho do rei morto, homônimo do
pai, Hamlet, é também excluído da sucessão.

58

REI

E agora, Hamlet, filho meu e príncipe,
Por que este ar tristonho e melancólico?
Quanto à intenção de ir a Wittenberg,[16]
Parece-nos imprópria e inoportuna,
Pois, tu és meio coração de tua mãe;
Portanto, peço-te: fica na corte,
Anseio do país, sobrinho, filho.[17]

HAMLET

Meu senhor, nem este meu traje negro,
Nem as lágrimas que 'inda tenho aos olhos,
Nem o aspecto abatido do semblante,
Nem tudo isso somado à imagem externa,
Iguala-se à tristeza do meu peito.
Aquele que perdi devo esquecer;
Meu traje é só o adorno do sofrer.

REI

Isto demonstra o vosso afeto, filho;
Mas, sabeis, vosso pai perdeu o pai;
Esse pai perdeu o dele, e assim será,
Até o fim de tudo. Deixai, pois,
Os lamentos; é ofensa ao próprio céu,
Ofensa ao morto, ofensa à natureza;
E pelo senso comum é bem certo:
Quem na terra vive nasce p'ra morte.

[16]Hamlet, assim como seu colega e amigo Horácio, estuda na Universidade de Wittenberg.

[17]Ironicamente, Cláudio é agora padrasto de Hamlet; portanto, em vários momentos na peça, Cláudio chama Hamlet de filho e Hamlet chama Cláudio de pai. Ver notas 35, 48, 68 e 111.

RAINHA

Não ponhas a perder mi'as preces, Hamlet;
Fica, pois, não te vás a Wittenberg.

HAMLET

Tudo farei p'ra vos obedecer.

REI

Falaste qual bom filho e afetuoso.
E o Rei não fará hoje nenhum brinde
Sem que o grande canhão aos céus avise
Que ele bebe em honra ao Príncipe Hamlet.
(*Saem todos, menos Hamlet.*)

HAMLET

Ah, que esta carne tão sofrida e sólida[18]
Se derretesse em nada; ou que a abóbada
Universal do globo um caos virasse![19]
Ó Deus! Dois meses! Não, menos de dois!
Casada com meu tio. Nem vou pensar!

[18]Temos aqui a célebre controvérsia "*sallied-sullied-solid*". O
Q1 e o Q2 registram a forma "*sallied*", variação de "*assailed*",
"*besieged*" ("atacada", "sitiada"), enquanto o F grafa "*solid*". Em
1918, Dover Wilson sugeriu a forma "*sullied*" ("maculada"), que
conquistou muitos adeptos. Weiner adota "*solid*", desviando-se
portanto do seu próprio texto base, Q1 (p. 170).

[19]Estudiosos costumam conceber aqui um momento metate-
atral, uma alusão ao Globe Theatre, construído em Londres em
1599, destruído por um incêndio em 1613, reconstruído em 1614 e
demolido em 1644 (no final do século XX, uma réplica do Globe
foi construída na margem sul do rio Tâmisa, em local próximo ao
do teatro original). No início do século XVII, *Hamlet* estaria sendo
encenada no Globe.

Irmão do meu pai, mas tão parecido
Co' ele como eu com Hércules! Dois meses!
Antes que o sal das lágrimas hipócritas
Lhe avermelhasse os olhos irritados,
Ela casou. Ó Deus! Fera insensata
Não teria com tanta pressa agido.[20]
Frivolidade, teu nome é mulher.
Ora! Ela por ele se babava,
E o apetite crescia só de olhar.
Ah, mas que pressa maldita, maldita,
Correr logo aos lençóis incestuosos!
Inda antes que os sapatos se gastassem
Com que seguiu o corpo do meu pai,
Qual Níobe, em lágrimas — casada![21]
Não 'stá certo, e não pode acabar bem.
Parte coração, pois contenho a língua!

---

[20]Na construção de significados relativos às motivações de Hamlet, alguns estudiosos estabelecem uma ligação entre o descontentamento deste diante da pressa com que a Rainha desposou Cláudio e a questão da própria sucessão ao trono dinamarquês. Afinal, levando-se em conta o tempo necessário para que a notícia da morte do Rei Hamlet chegasse a Wittenberg e para o retorno do Príncipe a Elsinore, quando este chegou ao reino, o casamento da Rainha e a sucessão de Cláudio ao trono já estavam definidos. Talvez o Príncipe pensasse que, se Gertred não houvesse agido com tanta pressa, ele teria chegado a tempo de reivindicar o trono.

[21]Na mitologia grega, Níobe é mãe de vários filhos e filhas. Feliz e orgulhosa com seus filhos, Níobe declarou-se superior a Leto, que tivera apenas um filho e uma filha (Apolo e Diana). A deusa sentiu-se ofendida e pediu aos filhos que a vingassem. As divindades então mataram os filhos de Níobe, exceto um menino e uma menina. Níobe, cheia de dor, foi transformada pelos deuses em rocha, mas seus olhos continuavam a verter lágrimas, uma nascente que brotava da pedra.

(Entram Horácio e Marcelo.)[22]

HORÁCIO

Salve, senhor!

HAMLET

Alegro-me em vos ver.
Sois Horácio! — ou já não sei quem sou.

HORÁCIO

Eu mesmo, senhor, sempre vosso servo.

HAMLET

Meu amigo! Assim posso chamar-te!
Por que deixaste Wittenberg, Horácio?
Marcelo?

MARCELO

Meu bom senhor.

HAMLET

Alegro-me em vos ver; meu boa-noite.
Mas que assunto te traz a Elsinore?
Conosco aprenderás a beber muito.

HORÁCIO

Vontade de vadiar, meu bom senhor.

---

[22]O Q1 não registra aqui a entrada de Bernardo, mas nesta mesma cena, em seu relato acerca da aparição do Fantasma, Horácio se refere a "estes dois, / Marcelo e Bernardo", donde se pode deduzir a entrada de Bernardo. Com efeito, Irace acrescenta aqui, entre colchetes, [e Bernardo] (p. 41).

HAMLET

Ora! de mim credor jamais farás
Do teu próprio relato a ti contrário.
Senhor, sei que não és nada vadio.
Mas que assunto te traz a Elsinore?

HORÁCIO

Senhor, o funeral do vosso pai.

HAMLET

Ah, não zombes de mim, caro colega.
Vieste ao enlace de minha mãe.

HORÁCIO

Deveras, senhor, foi logo em seguida.

HAMLET

Economia, Horácio! Os assados
Servidos no velório ornaram frios
As mesas do casório. Antes no céu
Encontrar o pior dos inimigos
A ter vivido aquele dia, Horácio!
Meu pai — acho que estou vendo meu pai.

HORÁCIO

Onde, senhor?

HAMLET

Nos olhos da memória.

HORÁCIO

Eu o vi certa vez — um rei garboso.

HAMLET

Era um homem, em tudo, modelar.
Jamais verei alguém igual a ele.

HORÁCIO

Senhor, acho que o vi ontem à noite.

HAMLET

Viu? Quem?

HORÁCIO

Meu senhor, vosso pai, o Rei.

HAMLET

Ha, ha, o Rei meu pai? É o que disseste?

HORÁCIO

Moderai vosso espanto um instante
Com ouvidos atentos, p'ra que eu narre,
Co' o testemunho destes cavalheiros,
Tal prodígio.

HAMLET

Pelo amor de Deus, conta-me.

HORÁCIO

Duas noites seguidas, estes dois,
Marcelo e Bernardo, estando de guarda,
Na solidão mortal da meia-noite,
Tiveram um encontro: uma figura
Igual a vosso pai, mesma armadura,
Da cabeça aos pés, surge diante deles;

Três vezes ele passa bem diante
Dos seus olhos perplexos e assustados,
À distância de um bastão, enquanto eles,
De tanto pavor quase derretendo,
Ficam mudos e com ele não falam.
Isso eles me contaram em segredo,
E na terceira noite montei guarda;
E, conforme disseram, na mesma hora
E forma, tudo exato, eis que surge
A aparição. Conheci vosso pai;
Não se parecem tanto estas mãos.

HAMLET

É muito estranho.

HORÁCIO

Por mi'a vida, senhor, digo a verdade;
Pensamos que era nossa obrigação
Informar-vos de tudo.

HAMLET
Onde foi isso?

MARCELO

Na plataforma onde guarda montávamos.

HAMLET

Falastes com ele?

HORÁCIO
Senhor, falamos;
Mas nada respondeu. A certa altura,

Ergueu a cabeça e fez um movimento,
Parecendo estar prestes a falar,
Mas nesse instante o galo cantou alto,
E ele, apressado, se esgueirou,
Sumindo à nossa vista.

HAMLET

Na verdade,
Meus bons senhores, isso me perturba.
Montais guarda esta noite?

TODOS

Sim, senhor.

HAMLET

Armado, dizeis?

TODOS

Armado, senhor.

HAMLET

Da cabeça aos pés?

TODOS

Da cabeça aos pés.

HAMLET

Ora! então o rosto não lhe vistes?

HORÁCIO

Sim, senhor; a viseira estava erguida.

HAMLET

Como estava o semblante? Carrancudo?

HORÁCIO

Um ar mais de tristeza do que raiva.

HAMLET

Pálido ou corado?

HORÁCIO

Muito pálido.

HAMLET

E sobre vós manteve os olhos fixos?

HORÁCIO

O tempo todo.

HAMLET

Quisera estar lá!

HORÁCIO

Ficaríeis pasmo.

HAMLET

Sim, é provável. Ele demorou-se?

HORÁCIO

O tempo de contar cem, calmamente.

MARCELO

Ah, mais que isso.

HAMLET
A barba era grisalha, não?

HORÁCIO
Tal como a vi, quando ele estava vivo:
Negra com fios de prata.

HAMLET
Esta noite
Fico de guarda. Talvez ele volte.

HORÁCIO
Eu garanto que sim.

HAMLET
Se ele assumir a forma de meu pai,
Falarei co' ele, inda que o inferno
Abra a goela e me mande ficar quieto.
Senhores, se escondestes até agora
Esta visão, que siga ela em segredo;
E quanto ao que ocorrer durante a noite,
Confieis ao pensamento, não à língua.
Retribuirei o vosso afeto. Adeus.
Na plataforma, entre onze e a meia-noite,
Convosco estarei.

TODOS
É nosso dever.

HAMLET

Vosso afeto, claro, e o meu. Adeus.[23]
>   (*Saem.*)

Fantasma de meu pai, com armadura!
Bem, nada vai bem. Temo algo sujo.
Se já fosse noite! Até lá, alma, aguenta!
Haverão de emergir os atos sujos,
Por mais que os ocultem os escusos.
>   (*Sai.*)

[3][24]   (*Entram Laertes e Ofélia.*)

LAERTES

Minha bagagem está a bordo; devo ir.
Mas, antes de eu partir, ouve o que digo:
Sei que o Príncipe Hamlet te corteja.
Cuidado, Ofélia, em suas juras não creias.
Talvez agora te ame, a agora fale
De coração; mas, cuida, minha irmã:
A donzela mais casta será pródiga
Se revelar à lua os seus encantos.
Da calúnia ne' a virtude se livra.
Acredita, irmã; e mantém distância,
P'ra que ele não te traia a honra e o nome.

OFÉLIA

Irmão, atentei bem ao que disseste,
E decerto minha honra guardarei;
Mas, caro irmão, qual orador astuto,
Não me ensines do céu a melhor trilha,

---

[23]Hamlet rejeita a fria palavra "dever", em favor de "afeto", "amizade".

[24]Local: aposentos de Corambis no castelo de Elsinore.

Enquanto tu, esquecendo o que disseste,
Tal e qual imprudente libertino,
Entregas o coração ao apetite,
Pouco te importando que pereça a honra.

LAERTES

Nada receies, minha cara Ofélia.
        (*Entra Corambis.*)
Mas aí vem meu pai;
Será nossa segunda despedida.

CORAMBIS

Ainda aqui, Laertes? Já p'ra bordo!
O vento sopra a vela do teu barco,
E por ti esperam. Vai — tens minha bênção!
E guarda na memória estas regrinhas:
"Sê amistoso, mas jamais vulgar;
Os amigos que tenhas, comprovados,
Prende-os a ti com uma argola de aço,
Mas a mão não calejes recebendo
Cada novo parceiro. Evita brigas,
Mas, se brigares, faz teu adversário
Querer ter te evitado. Que tuas roupas
Possam por tua bolsa ser compradas,
Mas sem ostentação, pois muitas vezes
A roupa denuncia o homem e, em França,
Os que têm mais prestígio e poder
São nesse ponto finos perdulários.
Sobretudo: sê leal contigo mesmo,
E daí segue, qual o dia à noite,
Que jamais serás falso com ninguém".

70 | Adeus. Tens minha bênção.[25]

LAERTES
Humilde me despeço. Adeus, Ofélia;
E do que eu te disse lembra bem.

OFÉLIA
Já está trancado em meu coração,
E vais guardar contigo a chave dele.
(*Sai [Laertes].*)

CORAMBIS
Que te disse ele, Ofélia?[26]

OFÉLIA
Algo acerca do Príncipe.

---

[25]O célebre adeus de Corambis a Laertes tem sido bastante comentado. Nele, a camada superficial de prudência e comedimento pode ser facilmente penetrada, revelando inconsistências. Afinal, o velho conselheiro apressa o filho, mas se alonga na despedida — aliás, de acordo com o próprio Laertes, essa é a *segunda* despedida; e por que Corambis se esmera em aconselhar o filho acerca de contratempos na França, se Laertes já conhece a França, pois lá reside na condição de estudante? Dramaticamente, esse eloquente "contrassenso" é justificado por definir o caráter do conselheiro, um dissimulador cujas palavras, camuflando expedientes, quase sempre têm um sentido além do aparente.

[26]A pergunta de Corambis põe Ofélia numa situação difícil, pois ela acaba de prometer manter o conselho de Laertes em segredo. No entanto, conforme se constata em outras peças shakespearianas (às honrosas exceções de Imogênia, Desdêmona, Julieta e Hérmia), a obediência incondicional da filha ao pai fica aqui evidenciada.

CORAMBIS

Ora! É bem lembrado!
Fui informado de que ao Príncipe Hamlet
Tu te fazes por demais disponível.
Se assim o for — conforme me informaram,
E por cautela —, devo te dizer
Que tu não sabes te valorizar,
Como convém à mi'a honra e à tua fama.[27]

OFÉLIA

Ele me tem feito muitas ofertas
De amor, senhor.

CORAMBIS

Ofertas! Sim, ofertas dizes tu.[28]

OFÉLIA

E tem feito também juras sinceras.

CORAMBIS

São alçapões para pegar rolinhas.
Ora! Bem sei que, quando o sangue ferve,

---

[27]A repetição do verbo "informar" (no original, a repetição é "*'tis given to me*") pontua a atuação de Corambis como uma espécie de espião que conta com uma rede de informantes na corte. A noção é importante porque problematiza a personagem, distanciando-a da concepção reducionista — de bufão inofensivo — tantas vezes a ela imposta em montagens simplistas.

[28]O original registra "*tenders*". Segundo Crystal e Crystal (p. 446), a palavra é aqui substantivo que significa "oferta, oferenda", o que condiz com o campo semântico relativo a noções como "valorização" e "negociação" da castidade da jovem Ofélia, noções que tanto preocupam seu pai.

Como a língua é pródiga em juras!
Em suma,
Faz a tua presença mais escassa;
Fazes assim, ou me fazes de bobo.

OFÉLIA
Obedeço-vos, em tudo, senhor.

CORAMBIS
Ofélia, cartas dele não recebas;
Pois linhas de amante são ciladas.
Recusa lembrancinhas, pois são chaves
Que abrem ao desejo a castidade.
Vem, Ofélia. Esse tipo de senhor
É maior no verbo e menor no amor.

OFÉLIA
Irei, senhor.
     (Saem.)
[4][29]   *(Entram Hamlet, Horácio e Marcelo.)*

HAMLET
O ar penetra os ossos;
Esse vento feroz chega a cortar.
Que horas são?

HORÁCIO
É quase meia-noite.

MARCELO
Não, já bateu.

---

[29]Local: plataforma do castelo de Elsinore.

HORÁCIO
É mesmo? Não ouvi.
[*Soam clarins.*]
Que é isto, meu senhor?

HAMLET
É o Rei que, insone, bebe e cai na farra,
Ergue a taça e salta, em danças loucas,
E, a cada trago de vinho do Reno,
O tarol, o tambor e a clarinada
Relincham o triunfo do seu brinde.

HORÁCIO
Isso é costume aqui?

HAMLET
É, sim, mas, inda que eu seja daqui,
Criado nesses usos, mais honroso
Seria quebrar que manter tal costume.
(*Entra o Fantasma.*)

HORÁCIO
Olhai, senhor, lá vem!

HAMLET
Anjos e arautos da graça, valei-nos!
Sejas bom espírito ou alma penada,
Tragas ar do céu ou vento do inferno,
Tenhas intentos maus ou caridosos,
Apareces com forma tão estranha,
Que a ti quero falar: Chamo-te Hamlet,
Rei, pai, dinamarquês real. Responde!

Não deixes que eu exploda em ignorância,
Mas diz por que teus ossos consagrados,
Sepultos na morte, a mortalha rompem;
Por que a tua tumba, em que te vimos
Em paz jazer, abre a goela de mármore
E ao mundo te devolve? Que será,
Cadáver, que voltas em aço armado,
Sob o luar, tornando a noite horrível
E a nós, joguetes da natureza,
Abalas com terríveis pensamentos
Que ultrapassam os limites da alma?
Diz, fala!

      [*Fantasma acena a Hamlet.*]
      Por quê? O que isso significa?

HORÁCIO

Ele vos chama, quer falar a sós.

MARCELO

Vede o gesto cortês com que vos chama
A segui-lo a um lugar mais afastado.
Não deveis ir!

HORÁCIO

      De modo algum, senhor.

HAMLET

Aqui ele não fala; vou segui-lo.

HORÁCIO

Se ele vos arrastar ao mar, senhor,
Ou ao alto do penhasco que avança

Pelas ondas e, então, lá assumir

Alguma forma horrenda que vos prive

Da razão e à loucura vos conduza?

Pensai bem![30]

HAMLET

Sou chamado. Vai, eu sigo!

HORÁCIO

Não ireis, meu senhor!

HAMLET

Por que temer?

Minha vida não vale um alfinete,

E contra minha alma, que pode ele,

Sendo ela tão imortal quanto ele próprio?

Vai, eu sigo!

MARCELO

Contei-vos, meu senhor; não, não ireis!

---

[30]Diversos estudiosos comentam que Horácio (e, decerto, grande parte do público elisabetano) teme ser o Fantasma uma manifestação do demônio (ou algum espírito do mal), que atenta contra a vida das vítimas, induzindo-as a locais perigosos, onde são por ele seguidas ou mesmo possuídas. Além disso, para a plateia elisabetana, o Fantasma era um espírito capaz de assumir qualquer forma ou propósito. Sob essa perspectiva, o máximo que se poderia dizer era que a assombração *assumira a forma* do pai de Hamlet; o que o Fantasma, *de fato*, era, ninguém poderia saber (Jenkins, p. 213; Thompson e Taylor, p. 208; Asimov, v.2, p. 82). Na verdade, o próprio Hamlet não diz que o Fantasma *é* seu pai, diz apenas: "*Chamo-te* Hamlet, Rei, pai". Ver notas 39, 67 e 79.

HAMLET

Meu destino me chama e cada artéria
Do meu corpo enrijece qual os músculos
Do Leão da Nemeia.[31] Ora! Largai-me!
Juro, farei fantasma a quem me impeça!
P'ra trás, eu disse! Vai, te seguirei![32]
          [*Saem o Fantasma e Hamlet.*]

HORÁCIO
O delírio o conduz ao desespero.

MARCELO
Há algo podre no reino da Dinamarca.[33]

HORÁCIO
Atrás dele. Como isso vai acabar?

MARCELO
Sigamos; não convém obedecer-lhe.
          (*Saem [Horácio e Marcelo].*)
[5][34]   (*Entram o Fantasma e Hamlet.*)

HAMLET
Não darei mais um passo! Aonde me levas?

---

[31]Leão monstruoso, supostamente invulnerável, que habitava a região da Nemeia e foi destruído por Hércules, em um dos seus doze trabalhos (Crystal e Crystal p. 617).

[32]A primeira metade desse verso é dirigida a Marcelo e Horácio, que tentam impedir Hamlet; a segunda, obviamente, é dirigida ao Fantasma.

[33]Este verso, embora hipermétrico, registra a expressão conforme consagrada no Brasil.

[34]Local: muralha do castelo de Elsinore.

FANTASMA

Ouve-me.

HAMLET

Ouvirei.

FANTASMA

Eu sou o espectro
De teu pai, condenado a errar à noite,
Confinado de dia ao fogo ardente,
Até que sejam purgados os crimes
Que cometi em vida.

HAMLET

Pobre espectro!

FANTASMA

Não me lastimes, mas ao meu relato
Empresta o teu ouvido. Se eu pudesse
Revelar os segredos do meu cárcere,
A palavra mais branda do relato
Afligiria tua alma, gelaria
Teu sangue juvenil, faria teus olhos,
Qual estrelas, saltar fora das órbitas,
Deixaria eriçados teus cabelos,
Qual cerdas no irritado porco-espinho.
Mas tal revelação não dever ser
Feita a ouvidos de carne e sangue. Hamlet!
Se amaste um dia teu querido pai...

HAMLET

Ó Deus!

FANTASMA
Vinga o desnaturado assassinato.

HAMLET
Assassinato!

FANTASMA
Sim, assassinato,
Da pior espécie; sendo sempre infame,
O meu foi o mais sórdido, brutal,
Desnaturado.

HAMLET
Conta logo, p'ra que eu, com asas céleres
Qual uma ideia, ou a ideia de uma ideia,
Possa voar à vingança.[55]

---

[55]Trata-se da primeira referência de Hamlet à vingança, tema cuja premência tem contribuído para definir a peça como "tragédia de vingança", na linha de *A Tragédia Espanhola* (1587?), de autoria de Thomas Kyd (1558–1594). Aqui, o Príncipe expressa o desejo de concretizar a vingança com a celeridade com que se tem uma ideia. Todavia, notoriamente, Hamlet adia a vingança. Harold Bloom sugere que um dos motivos do adiamento da vingança talvez seja a dúvida de Hamlet em relação à sua própria paternidade. Será que a rapidez do casamento de Cláudio e Gertred se explica porque, na verdade, o relacionamento dos dois é antigo? (Vale lembrar que na reescritura da história de Hamlet feita por François Belleforest, por volta de 1576, o adultério de Gertred ocorre desde o tempo em que o pai de Hamlet vivia). Bloom, então, indaga: quão antigo será esse relacionamento? Será suficientemente antigo que permitisse a possibilidade de Hamlet ser filho de Cláudio? Se na corte tudo se sabe, Hamlet saberia do romance entre a mãe e o tio e talvez receasse matar o próprio "pai". Sob esse aspecto, é interessante o

FANTASMA
Vejo-te apto!
E serias mais apático que as plantas
Enraizadas às margens do rio Letes,[56]
Se isso não te movesse. Serei breve.
Dizem que eu, dormindo em meu jardim,
Fui por uma serpente atacado.
Assim, com a falsa história da mi'a morte,
Enganaram o ouvido da nação.
E agora, nobre jovem, quem picou
O peito de teu pai usa a coroa.

HAMLET
Oh, minha alma profética! Meu tio![57]

FANTASMA
Sim, ele! Aquele vilão incestuoso
Conquistou com agrados — ó malditos
Agrados com poder de sedução! —
Mi'a rainha, que tão casta parecia.
Assim como a virtude não se abala,
Inda que por volúpia cortejada
Em forma celestial, a indecência,
Inda que a um serafim radioso unida,
Sacia-se de um leito divinal
Para então chafurdar em plena lama.

---

fato de, diversas vezes, Cláudio se referir a Hamlet como "filho" e este chamar Cláudio de "pai".

[56]Na mitologia grega, rio que banha o Hades e cuja água provocava o esquecimento do passado naquele que a bebesse.

[57]Essas palavras de Hamlet, evidentemente, sugerem que ele já suspeitava de Cláudio.

Espera! Sinto o aroma da manhã;
Serei breve. Dormindo eu no jardim,
Na hora calma da sesta rotineira,
Eis que surge teu tio, com uma ampola
Do maldito velenho,[58] e em meus ouvidos
Verteu o líquido infecto, cujo efeito
É tão maligno ao sangue dos humanos;
Rápido qual mercúrio, ele percorre
As portas e vielas de um corpo,
E talha, qual gota ácida no leite,
O sangue fino e são; no mesmo instante,
O meu corpo abriu em bolhas purulentas.
E assim, dormindo, fui por um irmão
Privado de coroa, rainha, vida, honra,
Sem prestar contas, enviado ao túmulo
Com todo o meu débito e pecado.
É horrível, horrível!

HAMLET
Ó meu Deus!

FANTASMA

Se tens amor filial, não o toleres;
Mas, ajas como agires, não conspires
Contra tua mãe; co' o céu e com o peso
Da consciência a deixes. Preciso ir;
Com o seu fogo já enfraquecido

---

[58]Planta (*Hyoscyamus niger*) da família das solanáceas, nativa da Europa e da Ásia e naturalizada na América do Norte, outrora cultivada para extração de alcaloides muito venenosos utilizados como narcóticos e hipnóticos (também conhecida como meimendro).

O vaga-lume aponta o alvorecer.
Hamlet, adeus, adeus! Lembra de mim!
    (Sai.)

HAMLET

Ó legiões do céu! Ó terra! Que mais?
Vou invocar o inferno? Lembrar de ti?
Sim, fantasma infeliz!
Apagarei da lousa da memória
Todo adágio livresco, ideia banal
Que a juventude um dia ali gravou —
Sozinha ficará tua lembrança.
Sim, pelos céus! Vilão pernicioso!
Homicida, devasso, sorridente,
Maldito vilão! Na lousa registro:
É possível sorrir, sorrir e trair;
Ao menos assim o é na Dinamarca.
    [Escreve na lousa.][39]
Então, tio, assim és, assim tu és.
Agora, vou gravar: "Adeus, adeus!
Lembra de mim!". Já basta; está jurado.
    (Entram Horácio e Marcelo.)

HORÁCIO

Meu senhor, meu senhor!

MARCELO

Príncipe Hamlet!

---

[39]Hamlet trazia consigo uma pequena lousa, antes de encontrar o Fantasma.

HORÁCIO

Olá, olá, ei!

HAMLET

Olá, olá, ei! Vem, menino, aqui!

HORÁCIO

Deus o guarde!

MARCELO

Como estais, meu senhor?

HORÁCIO

Que notícias nos dais, nobre senhor?

HAMLET

Ah, maravilhas, maravilhas.

HORÁCIO

Nobre senhor, contai-nos.

HAMLET

Não, pois ireis espalhá-las.

HORÁCIO

Eu não, meu senhor, juro pelo céu.

MARCELO

Eu tampouco.

HAMLET

Que dizeis disto? Quem conceberia?
Mas, guardareis segredo?

AMBOS

Pelos céus!

HAMLET

Em toda a Dinamarca não existe
Um vilão que não seja um patife.

HORÁCIO

Não era necessário que um fantasma
Deixasse a cova p'ra vos dizer isso.

HAMLET

Certo! Tendes razão. Por isso mesmo,
Sem mais, apertemos as mãos, partamos;
Vós, segundo vosso interesse e gosto,
Pois todos têm interesses e gostos,
Sejam estes quais forem; quanto a mim,
Ora vede, vou rezar.

HORÁCIO

Palavras desconexas, meu senhor.

HAMLET

Sinto se elas vos ofendem, deveras;
Sim, deveras.

HORÁCIO

Não houve ofensa, senhor.

HAMLET

Por São Patrício, houve ofensa, Horácio,
E ofensa grave. Quanto à aparição,

84 | É um fantasma honesto, isto eu vos digo.[40]
Quanto ao vosso desejo de saber
O que se passou entre nós, domai-o.
E agora, amigos, pois sois bons amigos,
Colegas e corteses, um favor.

AMBOS
Qual, senhor?

HAMLET
Jamais contar o que esta noite vistes.

AMBOS
Senhor, não contaremos.

HAMLET
Pois, jurai.

HORÁCIO
Por minha fé, senhor, nada direi.

MARCELO
Nem eu, meu senhor, pela minha fé.

HAMLET
Pois, sobre a minha espada; sobre a espada!
(*O Fantasma, debaixo do palco.*)

[40]Hamlet parece resolver, ainda que temporariamente, o dilema
por ele próprio verbalizado na cena anterior, na qual disse ao
Fantasma: "Sejas bom espírito ou alma penada...".

FANTASMA

Jurai!

HAMLET

Ora! Ouvis o colega lá em baixo?
Consenti em jurar.

HORÁCIO

Podeis propor.

HAMLET

Jamais contar o que esta noite vistes.
Jurai sobre esta espada.

FANTASMA

Jurai.

HAMLET

Hic et ubique?[41] Mudemos de lugar!
Aqui, senhores, ponde as mãos de novo
Sobre a espada. Jamais revelareis
O que vistes; jurai sobre esta espada.

FANTASMA

Jurai.

HAMLET

Bravo, velha toupeira! Tão depressa
Cavas a terra? Exímio cavador!

---

[41]Latim: "aqui e em todo lugar". Thompson e Taylor comentam que a onipresença, ou ubiquidade, é característica tanto de Deus quanto do diabo (p. 224).

86 Mudemos de lugar, mais uma vez.

HORÁCIO

P'la luz e pelas trevas! Que estranho!

HAMLET

Então, qual a um estranho acolhei-o.
Há mais coisas no céu e na terra, Horácio,
Do que sonha a tua filosofia.[42]
Mas, vinde aqui; jurai, como o fizestes,
Por estranha que seja a mi'a conduta —
Quiçá eu adote u'a atitude bizarra —,
Que se assim me virdes, não o dareis
A entender, meneando a cabeça,
Cruzando os braços, ou insinuando,
"Sim, sim, sabemos", ou "Se nós pudéssemos",
Ou "há quem possa", ou algo assim ambíguo,
Que sabeis qualquer coisa a meu respeito;
Isso jamais fazer, e p'ra contar
Com a ajuda da graça e da piedade,
Jurai.

FANTASMA

Jurai.

HAMLET

Descansa, descansa, alma atormentada!

[42]Este verso e o anterior apresentam-se, respectivamente, hipométrico e hipermétrico, mas registram as expressões conforme consagradas no Brasil. A palavra "vã", entre nós estabelecida por meio de sucessivas traduções, na realidade, não consta do texto original.

Senhores, vos saúdo cordialmente;
E o que puder fazer o pobre Hamlet
Por vós, Deus permitindo, será feito.
Vamos, pois, juntos; por favor, mantende
Os vossos dedos sobre os vossos lábios.
Ó, vejo que esta hora é bem maldita:
Nasci p'ra corrigir esta desdita.
Vamos, entremos juntos.
     (Saem.)

[Ato II]

[6]⁴⁵   (*Entram Corambis e Montano.*)

CORAMBIS
Montano, esta carta e este dinheiro
Ao meu filho levai, com minhas bênçãos;
E dizei-lhe que estude bem, Montano.

MONTANO
Assim farei, senhor.

CORAMBIS
E bem fareis, Montano, se assim falardes — "conheci o cavalheiro", ou "conheço o pai dele" —, para então investigardes o estilo de vida que ele leva. Estando em companhia dos amigos dele, podeis dizer que o vistes, a tal hora, jogando ou bebendo, praguejando ou farreando com mulheres. Podeis chegar até aí.⁴⁴

MONTANO
Senhor, isso seria difamá-lo.

CORAMBIS
Qual nada, qual nada, se souberdes frear a acusação; em nada ireis prejudicá-lo. E talvez o interlocutor assim colabore convosco... O que era mesmo que eu ia dizer?

⁴⁵Local: aposentos de Corambis, no castelo de Elsinore.

⁴⁴De acordo com as convenções formais da época do teatro elisabetano, a fala de Corambis, versando sobre questões mundanas, é registrada em prosa, não em verso.

MONTANO
Que o interlocutor colaboraria...

CORAMBIS
Sim, tendes razão, ele assim colaboraria: ele diria — deixe-me ver o que ele diria — que tal: eu o vi ontem, ou o outro dia, ou à tal hora, jogando dados ou tênis, ou caindo de bêbado, ou entrando numa casa de má fama, *videlicet*, bordel. Assim, senhor, nós que conhecemos o mundo e somos homens esclarecidos, através de indiretas, nos direcionamos; e assim investigareis o meu filho. Me entendeis, não?

MONTANO
Sim, meu senhor.

CORAMBIS
Então, adeus; dai-lhe a minha saudação.

MONTANO
Assim farei, senhor.

CORAMBIS
E dizei-lhe que pratique a música.

MONTANO
Senhor, assim farei.
　　　(Sai.)

CORAMBIS
Adeus.
　　　(Entra Ofélia.)

Que foi, Ofélia? O que está se passando?

OFÉLIA

Ah, meu querido pai, que alteração,
Mudança assim num Príncipe — tão triste
P'ra ele e tão assustadora p'ra mim —
Donzela alguma viu...

CORAMBIS

Ora! Qual é o problema, minha Ofélia?

OFÉLIA

Hamlet, filho único da Dinamarca,
Foi roubado de toda a sua riqueza.
Foi levada, furtada, a rica joia
Que mais o adornava: a sanidade.
Ele me viu, andando solitária
P'la galeria, e veio ao meu encontro,
Com o olhar perdido, ligas caídas,
Sapatos desatados, e fixou
Os olhos no meu rosto, de tal modo,
Como se fosse sua última visão.
Ali, de pé, agarrou-me pelo pulso,
E assim ficou até, com um suspiro,
Largar meu punho e se afastar de mim,
Quieto como a meia-noite. E, enquanto
Seguia, mantinha os olhos sempre em mim,
Co' a cabeça voltada acima do ombro;
Ao caminhar, dos olhos prescindia,
Pois saiu pela porta sem usá-los,
E assim me deixou.

CORAMBIS

Louco de amor!
Foste áspera com ele ultimamente?

OFÉLIA

Devolvi cartas, recusei presentes,
Conforme me ordenastes.

CORAMBIS

Ora! Foi isso que o enlouqueceu.
P'lo céu! É tão comum na minha idade
Suspeitar demais, assim como ao jovem
Sói faltar discrição. Bem, eu lamento
Ter me precipitado; que fazer?
Vamos ter com o Rei. Esta loucura
Talvez por ti expresse mais ternura.
(*Saem.*)
[7][45]   (*Entram o Rei, a Rainha, Rosencraft e Gilderstone.*)

REI

Bons amigos, que o nosso caro Hamlet
Perdeu todo o juízo é bem certeza,
E p'lo Príncipe muito lamentamos.
Portanto, a vós que conheceis o zelo
Que a ele dedicamos e o afeto
P'ra convosco, pedimos que apureis
A causa e a base dessa aflição.
Fazei isso. A Dinamarca será grata.

---

[45]Local: castelo de Elsinore

ROSENCRAFT

Senhor, o que estiver em nosso alcance
Vossa Majestade podeis mandar,
E não pedir, a nós que somos súditos,
Ligados por amor, dever, lealdade.

GILDERSTONE

Tudo faremos por Vossas Altezas
P'ra descobrir o que atormenta o Príncipe.
Com respeito, rogamo-vos licença.

REI

Grato, Gilderstone, nobre Rosencraft.

RAINHA

Grata, Rosencraft, nobre Gilderstone.[46]
[*Saem Rosencraft e Gilderstone.*]
(*Entram Corambis e Ofélia.*)

CORAMBIS

Senhor, os emissários retornaram
Contentes da Noruega.

REI

Sempre fostes o pai de boas novas.

CORAMBIS

É mesmo, senhor? Posso assegurar-vos

---

[46]Note-se que, nesta cena, a versão do Q1 não contém a fala
(presente no Q2 e no F) em que a Rainha promete à dupla de
cortesãos cuja missão é espionar Hamlet "recompensas dignas de
um rei". A ausência da referida fala contribui para a caracterização
de uma Rainha relativamente inocente no Q1.

Que prezo o dever como prezo a vida,
Seja diante de Deus ou do meu Rei;
E acredito, ou esta mi'a cabeça
Já não segue uma trilha como outrora,
Ter achado o motivo da loucura
Do Príncipe Hamlet.

RAINHA
Deus o permita.
(*Entram os Embaixadores.*)

REI
Pois, Voltemar, que novas tu me trazes
Do Rei da Noruega?

VOLTEMAR
Ele retribui votos e saudares.
Assim que nos ouviu mandou sustar
O alistamento feito p'lo sobrinho,
Que ele julgava ser preparação
Contra a Polônia, e que, verificando,
Constatou que era contra Vossa Alteza.
Daí, indignado por ver sua doença,
Idade e fraqueza assim abusadas,
Expede a Fortebraço uma contraordem,
Que este logo obedece, é repreendido
E jura ao tio contra vós jamais
Tomar armas. Daí, o velho Rei,
Tomado de alegria, dá ao sobrinho
Três mil coroas de pensão anual
E ordens para empregar contra os polacos
As forças alistadas; e vos pede,

Eis aqui a petição,[47] que concedais
Às tropas livre trânsito p'lo reino,
Com toda garantia de segurança
Aqui especificada.

REI
Isso me agrada,
E, na ocasião propícia, vamos ler
E responder. Por ora, agradecemos
O vosso bom serviço. Repousai;
À noite ceamos juntos. Sois bem-vindos!
(*Saem os Embaixadores.*)

CORAMBIS
O assunto teve um fim satisfatório.
Agora, meu senhor,
No que concerne ao nosso jovem Príncipe,
Decerto ele está louco; louco está.
Ora, saber a causa desse efeito,
Melhor dizendo, a causa do defeito,
Pois o efeito e o defeito têm sua causa...

RAINHA
Meu senhor, sede breve.

CORAMBIS
Sim, madame. Senhor, tenho uma filha,
Enquanto minha for, pois muitas vezes
Perdemos o que achamos mais seguro.
Agora, quanto ao Príncipe: senhor,
Observai esta carta, que mi'a filha,

---

[47] Voltemar entrega a Cláudio a petição.

Sempre tão obediente, me entregou.

REI

Lede, senhor.

CORAMBIS

Ouvi, senhor:

> "Duvida que na Terra há fogo,
> Duvida que o Sol é calor,
> Duvida que a verdade é jogo,
> Mas não duvides do meu amor.
> À formosa Ofélia.
> Teu para sempre, o mais infeliz dos prínci-

pes,

> Hamlet."

O que pensais de mim, nobre senhor?
O que pensais que fiz quando vi isto?

REI

Penso que sois amigo e leal súdito.

CORAMBIS

Alegra-me prová-lo.
Quando vi esta carta, assim falei
À mi'a menina: Hamlet é um príncipe,
Além da tua esfera, do teu amor.
Portanto, mandei que negasse cartas,
Rejeitasse mimos e se isolasse.
Ela, filha obediente, obedeceu-me.
Ele então, vendo o amor repudiado,
Amor que eu não achava fosse sério,
Ficou melancólico, inapetente,

Perturbado, abatido, ensandecido,
E com a mente cada vez mais fraca,
Caiu no atual estado de loucura.
E, se não digo a verdade, podeis
Separar isto disto.[48]

REI
Crês que é isso?[49]

CORAMBIS
Como? Senhor, eu vos indagaria,
Com licença, se alguma vez eu disse
"É isso", e depois não fosse? Ora, eu digo,
Se as circunstâncias forem favoráveis,
Acharei a verdade, inda que esteja
Escondida no centro do planeta.

[48]Indicando a própria cabeça e os ombros.

[49]A explicação oferecida por Corambis — de que a "loucura" de Hamlet é causada por uma decepção amorosa — não convence Cláudio, nem aqui e nem mesmo após este observar o comportamento de Hamlet durante o encontro com Ofélia, mais tarde nesta mesma cena. O astuto Rei alimenta suspeitas quanto à verdadeira motivação do comportamento imprevisível do jovem príncipe herdeiro que acaba de ser preterido na sucessão ao trono da Dinamarca. E a questão da sucessão tem sido amplamente debatida. Por que Cláudio, irmão do Rei morto, ascende ao trono, em lugar do Príncipe? Nos contextos medieval e renascentista, nem sempre o filho sucedia ao pai. Com frequência, um membro da família real mais amadurecido e mais bravio era guindado ao trono; além disso, muitos reis morriam jovens, quando seus herdeiros diretos ainda eram crianças, incapazes de governar. A figura do "tio perverso" recorre em outras peças shakespearianas, *e.g.*, *Rei João* e *Ricardo* III. Contudo, Hamlet expressa mais de uma vez descontentamento por não ter herdado o reino.

REI

Como investigaremos a questão?

CORAMBIS

Assim, meu bom senhor:
Hamlet costuma andar p'la galeria;
Que Ofélia ali caminhe à espera dele;
Nós dois nos escondemos na antessala.
Dali podeis ouvir todo o teor
Do coração do Príncipe, e se for
Diferente de amor, terá falhado
Desta feita o meu discernimento.
(*Entra Hamlet.*)

REI

Vede, ei-lo, debruçado sobre um livro.

CORAMBIS

Podeis, madame, deixar-nos a sós?

RAINHA

De muito bom grado.
(*Sai.*)

CORAMBIS

Toma Ofélia, lê este livro aqui,
E distraída passeia; o Rei se esconde.
[*O Rei e Corambis se escondem detrás de uma cortina.*]

HAMLET[50]

Ser ou não ser — sim, eis aí o ponto:[51]
Morrer, dormir — tudo? Sim, tudo. Não:
Dormir, sonhar — sim, ora! Por aí vai;
Pois, do sonho da morte despertamos,
E somos ao eterno juiz levados,
De onde passageiro algum retorna,
Do reino escondido, cuja visão
Faz o bom sorrir e o mau praguejar.
Não fosse isso, a jubilosa esperança,
Quem seria capaz de suportar
O desprezo e a desilusão do mundo,
Desdém do rico, maldizer do pobre,
Viúva oprimida, órfão ultrajado,
Gosto de fome, reino de tirano,
E milhares de outras desventuras;
Grunhir e suar na vida fatigante,
Quando se pode obter pleno descanso
Na ponta de um punhal? Quem haveria
De isso tolerar, não fosse a esperança
De algo depois da morte, algo que
Deixa perplexo o cérebro e a razão,
Que nos faz aguentar males sabidos,
E não fugir para os desconhecidos?

[50]No Q1 o célebre solilóquio é antecipado em relação ao momento em que surge no Q2 e no F: aqui a fala ocorre na posição que corresponderia à segunda cena do segundo ato, enquanto nas demais versões ela só aparece na primeira cena do terceiro ato.

[51]A variação nesse verso é notável. Hamlet não reflete aqui sobre uma "questão" abstrata, seja ela filosófica, epistemológica ou existencial, mas sobre um "ponto", um obstáculo concreto, talvez o problema da sucessão.

É isso! E tal consciência nos faz covardes.

Dama, em tua prece lembra meus pecados.

OFÉLIA

Senhor, faz algum tempo busco u'a chance,

Que ora se apresenta, p'ra devolver

Às vossas nobres mãos umas lembranças

Que me destes.

HAMLET

És bela?

OFÉLIA

Senhor?

HAMLET

És honesta?

OFÉLIA

Que quereis dizer, senhor?

HAMLET

Que se fores bela e honesta, tua beleza não deve ter intimidades com tua honestidade.[52]

OFÉLIA

Senhor, poderá a beleza ter santuário melhor do que junto à honestidade?

---

[52]Note-se que Hamlet passa a se expressar em prosa.

HAMLET

Sim, poderá sim, pois é mais fácil a beleza transformar a honestidade em prostituta do que a honestidade transformar a beleza. Já houve época em que isso era um paradoxo, mas os tempos atuais o comprovam. Nunca te dei nada.

OFÉLIA

Meu senhor, bem sabeis que o fizestes,
E, co' as lembranças, juras de amor
Que o peito mais gelado aqueceriam;
Mas, vejo, ricos presentes são pobres
Quando quem dá se torna insensível.

HAMLET

Nunca te amei.

OFÉLIA

Fizestes crer que sim.

HAMLET

Ah, não devias ter acreditado em mim. Vai para um convento, vai.[53] Por que hás de conceber pecadores? Eu sou razoavelmente honesto, mas poderia acusar a mim mesmo de tamanhas falhas, que melhor seria que minha mãe nunca me tivesse dado à luz. Ah, sou muito

---

[53]Conforme amplamente comentado pelos estudiosos, a palavra *nunnery*, repetida por Hamlet, no Q1, oito vezes, expressava na época de Shakespeare duplo sentido: "convento" e "bordel" (Shewmaker, p. 301). Na tentativa de expressar o duplo sentido, a tradução registra "bordel" na oitava e última repetição, a qual precede a saída de Hamlet de cena.

orgulhoso, ambicioso, arrogante, e tenho mais pecados
ao meu dispor do que pensamentos para expressá-los.
O que sujeitos como eu, rastejando entre o céu e a terra,
não devem fazer? Para um convento, vai! Somos todos
canalhas inveterados; não acredites em nós. Para um
convento, vai!

OFÉLIA

Ó céus, valei-lhe!

HAMLET

Onde está teu pai?

OFÉLIA

Em casa, meu senhor.

HAMLET

Pelo amor de Deus, fechem-lhe bem a porta, para
que ele só faça papel de bobo em sua própria casa. Para
um convento, vai.

OFÉLIA

Ajudai-o, bom Deus!

HAMLET

Se te casares, dou-te esta praga por dote: ainda que
sejas casta como gelo, pura como a neve, não escaparás
à calúnia. Para um convento, vai!

OFÉLIA

Ai de mim! Que alteração é essa?

HAMLET

Se tiveres mesmo que casar, casa-te com um imbecil, pois os espertos sabem muito bem os monstros que vós fazeis deles.[54] Para um convento, vai!

OFÉLIA

Por favor, meu Deus, curai-o.

HAMLET

Ora, também já ouvi dizer que as mulheres se pintam; Deus vos dá um rosto, e vós fazeis dele outro. Rebolais, requebrais e dais apelidos às criaturas de Deus, disfarçando devassidão com inocência. Ora bolas! Já basta! Foi isso que me enlouqueceu. Chega de casamentos; os casados viverão todos, menos um; os demais que fiquem como estão. Para um convento, vai; para um bordel, vai!
    (Sai.)

OFÉLIA

Deus do céu! Mas que súbita mudança!
O nobre, o erudito e o guerreiro
Que existiam nele já se esfacelaram.
Ah, com que tristeza passo por isto,
Ver algo assim, após tanto ter visto!
    (Sai.)
    (Entram o Rei e Corambis.)

REI

Amor? Não, não, a causa não é essa.

---

[54]Decerto, Hamlet refere-se aos "chifres" simbolicamente impostos por mulheres infiéis aos maridos traídos.

Algo mais grave que isso o atormenta. |103

CORAMBIS

Algo há de ser, meu senhor; aguardai
Enquanto vou sondá-lo. Permiti
Que eu o teste.
(*Entra Hamlet.*)
                    Aí vem ele, vede!
Deixai-me a sós, que eu chego ao fundo disto;
Ide já, por favor!
            (*Sai o Rei.*)
Então, senhor, sabeis vós quem eu sou?

HAMLET

Sei, sim, muito bem; vós sois um peixeiro.

CORAMBIS

Não sou, não, meu senhor.

HAMLET

Então, senhor, quisera que fôsseis assim honesto,
pois, nos dias de hoje, ser honesto é ser escolhido entre
dez mil.

CORAMBIS

Que estais lendo, senhor?

HAMLET

Palavras, palavras.

CORAMBIS

Qual é a trama, senhor?

HAMLET
Entre quem?

CORAMBIS
Refiro-me à trama do que estais lendo, senhor.

HAMLET
Ora! As piores infâmias, pois esta sátira satírica afirma que velhos têm olhos fundos, lombalgia, barba grisalha, perna bamba e bunda mole, no que, senhor, absolutamente, não creio, pois, senhor, vós seríeis tão velho quanto eu se, qual um caranguejo, pudésseis andar para trás.

CORAMBIS
[*À parte.*] Que respostas sugestivas — e tão perspicazes! Ainda que, de início, tenha me confundido com um peixeiro. É tudo consequência do amor, do arrebatamento do amor. Quando jovem eu era muito sensível, e muito sofri por causa do enlevo do amor, algo bem parecido com isto. Não quereis evitar o ar livre, senhor?[55]

HAMLET
Entrando na cova?

[55]Conforme apontam vários estudiosos, acreditava-se na época de Shakespeare que o ar livre fosse nocivo aos enfermos (Thompson e Taylor, p. 252; Jenkins, p. 248).

CORAMBIS

De fato, lá evitaríeis o ar. [*À parte.*] Respostas bastante sagazes. Senhor, peço-vos licença para me retirar.

(*Entram Gilderstone e Rosencraft.*)

HAMLET

Não podeis pedir-me coisa alguma da qual eu não me desfaça com o maior prazer. Velho tolo e babão!

CORAMBIS

Vede aí o Príncipe Hamlet. Está ali.

(*Sai.*)

GILDERSTONE

Salve, meu senhor!

HAMLET

Ah, Gilderstone e Rosencraft! Bem-vindos, caros colegas, a Elsinore.

GILDERSTONE

Agradecemos a Vossa Graça, e muito nos alegraria encontrar-vos como éreis quando estávamos em Wittenberg.

HAMLET

Agradeço-vos, mas essa visita é voluntária, ou fostes enviados? Dizei-me a verdade. Vamos, sei que o bom Rei e a Rainha vos convocaram; leio em vossos olhos uma espécie de confissão. Vamos, sei que fostes convocados.

GILDERSTONE

O que dizeis?

HAMLET

Ora! Eu sei de onde sopra o vento. Vamos, fostes convocados.

ROSENCRAFT

Fomos, meu senhor, e de bom grado, se nos for dado saber a causa da vossa insatisfação.

HAMLET

Ora! Fui preterido.[56]

ROSENCRAFT

Não o creio, meu senhor.

HAMLET

Sim, mas esse grande mundo que vedes não me satisfaz; não, nem o céu estrelado, nem a terra, nem o mar; não, tampouco o homem, criatura tão gloriosa, me agrada[57] — não, nem a mulher, apesar do vosso sorriso.

GILDERSTONE

Senhor, não estamos rindo disso.

---

[56]Apenas no Q1 Hamlet afirma, categoricamente, a sua insatisfação por ter sido preterido no processo de sucessão ao trono dinamarquês.

[57]Hamlet parece aqui diminuir a importância então recém-adquirida pelo ser humano no que, mais tarde, ficaria conhecido como o "antropocentrismo renascentista".

HAMLET

Por que ristes, então, quando eu disse que o homem não me agrada?

GILDERSTONE

Senhor, rimos quando dissestes que o homem não vos agrada porque pensamos na acolhida que os atores vão merecer. Passamos por eles no caminho. Estão vindo ter convosco.

HAMLET

Atores? Que atores são esses?

ROSENCRAFT

Senhor, são os trágicos que atuam na cidade, aqueles que tantas vezes ouvistes com gosto.

HAMLET

Por que viajam? Estão fora de forma?

GILDERSTONE

Não, senhor, a reputação deles continua firme.

HAMLET

Por que, então?

GILDERSTONE

Decerto, senhor, é a primazia da novidade, pois o público que a eles assistia voltou-se para as encenações em locais privados e para as trupes infantis.[58]

---

[58]Conforme amplamente comentado, trata-se de uma alusão à "Guerra dos Teatros" (1600–1601), tendo, de um lado, os atores

HAMLET

Isso não me surpreende, pois gente que fazia cara feia para meu tio quando meu pai vivia, agora oferece cem, duzentas libras pelo seu retrato. Mas serão bem-vindos, e aquele que encarnar o rei será por mim reverenciado; o bravo cavaleiro haverá de usar florete e escudo; o amante não há de suspirar em vão; o palhaço vai fazer as pessoas rirem como se lhes fizessem cócegas; e a dama terá licença para se expressar livremente, ou o verso branco haverá de mancar.

(*Soam os clarins.*)
(*Entra Corambis.*)

Vedes este bebezão? Ainda não deixou os cueiros.

GILDERSTONE

É bem possível, pois dizem que o velho é outra vez criança.

HAMLET

Aposto que ele vem me falar dos atores... Estais certo, segunda-feira passada, foi mesmo...

CORAMBIS

Meu senhor, tenho uma notícia para dar-vos.

---

mirins e Ben Jonson, dramaturgo que escrevia peças para atores infantis, e do outro lado os atores adultos, cujos porta-vozes eram Thomas Dekker, John Marston e talvez o próprio Shakespeare.

HAMLET

Meu senhor, eu tenho uma notícia para dar-vos.
Quando Roscius era ator em Roma...[59]

CORAMBIS

Os atores acabam de chegar, meu senhor.

HAMLET

Ora, ora!

CORAMBIS

Os melhores atores da cristandade, seja em comédia, tragédia, peça histórica, pastoral, pastoral-histórica, comédia-histórica, comédia histórico-pastoral, tragédia-histórica; encenado por eles, Sêneca nunca é pesado demais, nem Platão[60] leve demais, pois está escrito: esses homens são únicos.

HAMLET

Ó Jefté, juiz de Israel, que tesouro possuías![61]

---

[59]Hamlet se refere a Quintus Roscius (morto em 62 a.C.), o ator mais famoso do teatro romano; qualquer notícia acerca de Roscius seria mais do que datada.

[60]O lapso de Corambis, que confunde Platão com Plauto, é tolice típica da personagem. A fim de preservar o momento risível, vejo-me obrigado a divergir de Weiner, que aqui corrige/corrompe Q1, grafando "Plauto".

[61]Hamlet se refere a uma figura do Antigo Testamento, um líder militar israelita que, a fim de cumprir uma promessa, sacrificou a própria filha ao retornar vitorioso de uma batalha (Juízes 11, 30–40), e cita versos de uma balada em voga no século XVII. Decerto, Hamlet ironiza Corambis, que, para cumprir promessas ao Rei, sacrifica a própria filha.

CORAMBIS

Que tesouro ele possuía, senhor?

HAMLET

Ora:
U'a bela filha, nada mais,
Que Jefté amava demais.

CORAMBIS

[*À parte.*] Ah, ele insiste na minha filha!... Bem,
senhor, se me chamais de Jefté, eu tenho uma filha a
quem amo demais.

HAMLET

Não, isso não segue.

CORAMBIS

O que é que segue, então, senhor?

HAMLET

Ora:
O homem põe, e Deus dispõe.
Ou:
O final não foi anormal.
O primeiro verso da santa balada já vos diz tudo;
mas vede o que me interrompe e distrai.
(*Entram os atores.*)
Bem-vindos, senhores; sois todos bem-vindos. Olá,
meu velho amigo! Teu rosto criou pelos desde a úl-
tima vez que te vi. Vens à Dinamarca para me agarrar
pela barba? Minha donzela e senhora! Por Nossa Se-
nhora, cresceste um salto de plataforma desde que te

vi pela última vez. Queira Deus, senhor, que a tua
voz não tenha rachado, qual moeda retirada de circu-
lação.[62] Vinde, senhores, façamos como os falcoeiros
franceses, que voam sobre tudo o que veem. Vamos,
dai-nos uma amostra do vosso talento, uma fala, uma
fala apaixonada.

PRIMEIRO ATOR

Que fala, meu senhor?

HAMLET

Certa vez ouvi-te declamar a fala de uma peça, mas
ela nunca foi encenada, ou, quando muito, não mais
de duas vezes, pois, se bem me lembro, não agradou
aos milhões — era caviar para o povão; mas, por mim
e outros que como eu reagiram, a peça foi muito bem
avaliada e considerada excelente, realizada com sobrie-
dade e inteligência. Alguém disse que as falas careciam
de tempero que as tornasse saborosas, mas o estilo foi
qualificado de claro, tão vigoroso quanto agradável.
Lembro-me que se tratava da fala de Enéas a Dido, do
trecho em que ele relata o assassinato de Príamo.[63] Se
a tens de memória, começa pela frase... deixa ver:[64]

"O bravo Pirro, qual a fera hircana"...

[62]Hamlet se dirige ao jovem ator que representava papéis femi-
ninos e que deixava de fazê-los quando a voz mudava, sinal de que
se tornara adulto.

[63]Enéas relata a Dido a queda de Troia no segundo capítulo da
Eneida, de Virgílio; a fala à qual Hamlet se refere versa sobre a
morte de Príamo, Rei de Troia.

[64]Hamlet quer testar o talento do ator a ser por ele "empregado"
e, portanto, escolhe uma fala de conteúdo intensamente emotivo —
além de se tratar de um regicídio, evidentemente.

112 | Não, não é assim. Mas começa com Pirro. Ah, lembrei-me:

"O feroz Pirro, com suas armas negras,
Escuras qual a noite e o seu intento,
No cavalo sinistro escondido,
Lambuzando a tez, já escura e horrenda,
De heráldica ainda mais agourenta,
Da cabeça aos pés, já todo vermelho,
Coberto pelo sangue coagulado
De pais, mães, filhas, filhos, retostado
P'lo fogo da ira, busca o velho Príamo".[65]
Então, prossegue.

CORAMBIS
Por Deus, senhor, bem declamado, e com boa entonação.

PRIMEIRO ATOR
Logo o encontra, golpeando em vão os gregos.
A velha espada, que ao braço não atende,
Fica onde cai, incapaz de resistir.
Pirro se lança a Príamo, mas a ira
O cega e ele erra o golpe; no entanto,
O ar da espada derruba o débil pai.

CORAMBIS
Basta, amigo; está comprido demais.

---

[65]A Hircânia, próxima ao Mar Cáspio, era célebre por seus tigres; Pirro (mais conhecido como Neoptólemo) é o filho de Aquiles que vai para Troia vingar a morte do pai, tendo por alvo da vingança Príamo e sua família. Acima de tudo, nesta fala vislumbramos o Hamlet ator.

HAMLET

Vai para o barbeiro, junto com a tua barba. Ora bolas! Ele gosta é de giga[66] ou história indecente, ou então dorme. Vamos lá, à Hécuba, vamos.[67]

PRIMEIRO ATOR
Mas, ah, quem visse a rainha envolta em véus...

CORAMBIS
"Rainha envolta em véus" é bom, deveras, muito bom.

PRIMEIRO ATOR
Surgir no alarido e medo da morte,
Co' um pano sobre o ventre antes fecundo,
E um lenço na cabeça antes coroada...
Quem visse isso, co' a língua envenenada,
Clamaria traição. Pois se os próprios deuses
A vissem quando Pirro, com cruéis golpes,
Retalhava os membros do marido,
Tal cena molharia os quentes olhos
Do céu e comoveria as divindades.

[66]Dança inglesa do século XVI, em compasso binário e bastante animada, extremamente popular nos palcos londrinos à época de Shakespeare. A palavra também designa uma breve balada acerca de algum tema cômico e obsceno, geralmente acompanhada de dança, apresentada no palco após a peça em cartaz.
[67]Esposa de Príamo, Hécuba e sua dor têm servido de epítome do sofrimento trágico.

CORAMBIS

Vede, meu senhor, como ele muda de cor e tem lágrimas nos olhos. Não prossigas, por favor, não prossigas.

HAMLET

Está bem, está bem. Por favor, senhor, cuidai bem desses atores! Digo-vos que são a crônica e o resumo da época. Melhor seria, depois de morto, terdes mau epitáfio do que em vida ser por eles difamado.

CORAMBIS

Meu senhor, hei de tratá-los de acordo com seu mérito.

HAMLET

Ah, melhor que isso, homem! Se tratardes os homens de acordo com seu mérito, quem escapará à chibata? Tratai-os segundo a vossa própria honra e dignidade. Quanto menos merecerem, tanto maior será a vossa honradez.

CORAMBIS

Sois bem-vindos, meus senhores.
(*Sai.*)

HAMLET

Vinde até aqui, senhores. Não podeis encenar *O assassinato de Gonzaga*?

PRIMEIRO ATOR

Sim, meu senhor.

HAMLET

E não poderíeis, se necessário, decorar umas doze ou dezesseis linhas, que eu escreveria e à peça interpolaria?

PRIMEIRO ATOR

Sim, facilmente, meu senhor.

HAMLET

Está bem; eu vos agradeço. Segui aquele senhor; e, ouvi bem, senhores: cuidai para dele não zombardes.
[*Saem os Atores.*]
[*Dirigindo-se a Rosencraft e Gilderstone.*]
Cavalheiros, agradeço-vos as gentilezas; por ora peço-vos que me deixeis a sós.

GILDERSTONE

Nosso afeto e lealdade estão ao vosso dispor.
(*Saem todos menos Hamlet.*)

HAMLET

Ora, mas que idiota abjeto eu sou!
Ora, este ator aqui chora por Hécuba.
Quem é Hécuba p'ra ele, ou ele p'ra Hécuba?
Que faria ele diante da mi'a perda?
O pai morto e a coroa usurpada?[68]
Ele verteria lágrimas de sangue,
Aturdiria todos os presentes,

---

[68]Mais evidência da indignação de Hamlet por ter sido preterido no processo de sucessão ao trono dinamarquês, pois a usurpação da coroa não diz respeito apenas ao Rei morto, mas também ao Príncipe "preterido".

116

Espanto causaria ao cioso ouvinte,
Pasmando o inculto e calando o sábio;
Sim, notória seria a emoção dele.
E eu, como um imbecil e um sonhador,
Meu pai assassinado por um biltre,
Fico inerte e deixo estar. Sou covarde!
Quem me arranca a barba ou puxa o nariz?
Quem quer de mentiroso me chamar?
É certo que eu tolero! Brio não tenho,
Ou com as entranhas do miserável
Teria engordado gaviões; maldito!
Vilão traidor, obsceno, assassino!
Mas que bravura! Eu, que sou rebento
De um pai querido, qual uma criada,
Uma puta, esbravejo e tagarelo.
Pensa, cérebro! Já ouvi dizer
Que culpados, diante de uma peça
Com destreza encenada, confessaram
Assassinatos antes cometidos.
Quiçá o tal espírito é o demônio,
Que, me vendo aqui fraco e melancólico
(Poderoso com homens assim é ele),
Pretende me danar.[69]
Provas mais convincentes vou obter.

[69]Hamlet expressa uma dúvida comum ao etos elisabetano, no que diz respeito à crença em fantasmas, vistos ou como manifestações do demônio ou "emanações" da melancolia.

Será com a tal peça, disso eu sei,
Que hei de pegar a consciência do Rei.[70]
    (Sai.)

---

[70]Vê-se que o próprio Hamlet, segundo Bloom, dotado da maior consciência entre todos os personagens ficcionais da literatura mundial, refere-se à consciência de Cláudio. Asimov comenta que o apuro de Cláudio é comparável ao de Hamlet. O Príncipe quer matar o Rei, mas este também quer se livrar daquele. Contudo o Rei, tanto quanto Hamlet, não pode, simplesmente, cometer um homicídio. Cláudio ascendeu ao trono há pouco tempo e sente-se inseguro; matar o filho do Rei que o precedeu provocaria a hostilidade dos súditos, fato que talvez resultasse na deposição do novo Rei. Assim como Hamlet, que além de matar Cláudio, precisa conquistar o trono, Cláudio, além de matar Hamlet, precisa manter o trono. Portanto, a peça contempla não apenas o Príncipe espreitando o novo Rei, mas o Príncipe e o novo Rei se espreitando mutuamente (vol. 2, p. 107). Ver nota 79.

[Ato III]

[8]⁷¹   (*Entram o Rei, a Rainha [Corambis] e Nobres [Rosencraft e Gilderstone].*)

REI

Senhores, não pudestes descobrir
O motivo da loucura de Hamlet?
Por serdes tão amigos desde a infância,
Penso, teríeis mais chances que um estranho.

GILDERSTONE

Meu senhor, nós fizemos o possível
P'ra dele arrancar a causa da mágoa,
Mas ele desconversa e, em absoluto,
Não responde àquilo que perguntamos.

ROSENCRAFT

Contudo se mostrou mais animado
Antes de o deixarmos e, creio eu,
Ordenou uma peça p'ra esta noite,
E roga a companhia de Vossa Alteza.

REI

Com prazer, pois agrada-nos a ideia.
Senhores, procurai sempre animá-lo;
Custe o que custar; o cofre está aberto,
E vos seremos sempre muito gratos.

---

⁷¹Local: castelo de Elsinore.

AMBOS

'Stamos sempre às ordens, no que pudermos.

RAINHA

Obrigada, senhores; recompensa
Tereis da Rainha da Dinamarca.

GILDERSTONE

Voltaremos ao nosso nobre Príncipe.

REI

Obrigado aos dois. Vês a peça, Gertred?

RAINHA

Sim, meu senhor; e anima meu espírito
Sabê-lo inclinado a se alegrar.

CORAMBIS

Eu vos peço, madame, acatai-me.
E, bom Rei, autorizai-me a falar.
Inda não conseguimos descobrir
A causa do distúrbio; sendo assim,
Proponho, se quiserdes, um encontro
(Ou será desencontro).

REI

Como assim, Corambis?

CORAMBIS

Senhor, ouvi-me:
Assim que os festejos acabarem,
Madame, chamai-o a vossa presença;

Me escondo atrás de uma tapeçaria.
Indagai-lhe o motivo de sua angústia;
E então, por amor e dever filial,
Tudo ele vos dirá. Que achais, senhor?

REI

Muito me agrada. Gertred, que dizeis?

RAINHA

Com todo prazer. Logo o chamarei.

CORAMBIS

Serei eu mesmo o alegre mensageiro,
E que descubra a causa ela primeiro.
   (*Saem todos.*)
[9][72] (*Entram Hamlet e os Atores.*)

HAMLET

Enuncia estas falas com naturalidade, conforme
te ensinei. Ora! Se encheres a boca, a exemplo de
tantos atores, prefiro o mugido de um touro a ouvir
um ator assim falar o meu trecho. Tampouco serres
o ar, assim, com as mãos; antes, exerce sobre cada
ação o devido controle. Ah, me dói na alma ouvir um
grandalhão de peruca rasgar uma paixão, em trapos,
em meros farrapos, estourar os tímpanos do povão,
que, no mais das vezes, só gosta de pantomimas e
barulho. Eu mandaria açoitar tal sujeito, por querer
superar Termagante, querer ser maior do que Herodes.[73]

[72]Local: castelo de Elsinore.
[73]Hamlet refere-se à encenação dos Mistérios Medievais, *i.e.*,
adaptações dramáticas de histórias bíblicas. Termagante teria sido

PRIMEIRO ATOR

Senhor, já melhoramos bastante nesse sentido.

HAMLET

Tanto melhor, tanto melhor; corrigi-o completamente. Tenho visto atores calorosamente elogiados que, incapazes de exibir o porte de cristão, pagão ou turco, marcham e berram tanto, que a gente chega a pensar que foram feitos por algum mercenário a mando da natureza, de tão mal que imitam a humanidade. Ficai atentos para evitar isso.

PRIMEIRO ATOR

Prometo-vos, meu senhor.

HAMLET

Ouves bem? E não permitas que os que fazem papel de bobo falem mais do que está escrito. Alguns deles, eu garanto, começam a rir só para provocar o riso de espectadores simplórios, em prejuízo de algo importante na peça que deve ser observado naquele exato momento. Ah, isso é baixo e mostra que o sujeito só quer aparecer. E há os que têm apenas uma muda de piadas, assim como um homem que só tem uma muda de roupa; e os cavalheiros contam essas mesmas piadas, antes de ir ao teatro, tagarelando e repetindo as anedotas, quando, Deus sabe, o bobo só faz rir por

---

um deus sarraceno, cujo papel nos Mistérios, tanto quanto o de Herodes, era sempre violento e ruidoso.

122 | acaso, assim como um cego pega uma lebre. Senhores, cuidai disso.[74]

PRIMEIRO ATOR

Assim faremos, meu senhor.

HAMLET

Bem, ide aprontar-vos.
        (*Saem os Atores.*)
        [*Entra Horácio.*]
Ora! Eis Horácio!

HORÁCIO

Aqui estou, senhor.

HAMLET

Horácio, és um dos homens mais justos
Com quem tive o prazer de conversar.

HORÁCIO

Ah, meu senhor!

HAMLET

Ora, por que devo eu te elogiar?

---

[74]Na última cena do segundo ato (cena 7), ao declamar o trecho sobre o "Feroz Pirro" (conforme já anotado), Hamlet exibe seu talento de ator, e ao se dispor a escrever doze ou dezesseis linhas para serem inseridas na peça (e também a alterar o título, de *O assassinato de Gonzaga*, para *A ratoeira*, cena 9) revela-se dramaturgo. Aqui, ao oferecer dicas e recomendações relativas ao trabalho dos atores, Hamlet demonstra sua familiaridade com a atuação e a encenação teatral, revelando-se, anacronicamente, "diretor".

Por que deve o pobre ser elogiado?
Que ganho terei eu por te elogiar,
Pois nada tens além da tua índole?
Deixemos que o elogio se atenha
Às línguas que adulam os vaidosos,
O que não é o teu caso, bom Horácio.
Esta noite uma peça apresentamos
Em que uma cena muito se aproxima
Da morte de meu pai. Quando assistires
À tal cena, ao Rei presta atenção;
Observa-lhe o semblante; quanto a mim,
Terei meus olhos nele bem cravados,
E se ele não tremer diante da cena,
O fantasma que vimos é maldito.
Horácio, fica atento; observa-o bem.

HORÁCIO
Senhor, terei meus olhos fixos nele;
Qualquer alteração que ele exibir,
Será por mim notada.

HAMLET
Atenção, aí vêm eles.
         (*Entram o Rei, a Rainha, Corambis e outros Nobres.*)

REI
Então, Hamlet, meu filho, como estás passando?

HAMLET
Otimamente, na verdade, à base do que comem os camaleões. Alimento-me de ar, rico em promessas.

124 | Assim não se engorda capões. Senhor, atuastes na Universidade, não foi?

CORAMBIS
Sim, senhor, e era considerado um bom ator.

HAMLET
E que papel representastes?

CORAMBIS
Senhor, encarnei Júlio César; fui morto no Capitólio; Bruto me matou.

HAMLET
Que brutalidade dele, matar um bezerro tão capital. Então, os atores estão prontos?

RAINHA
Hamlet, vem sentar ao meu lado.

HAMLET
Não, minha mãe. Tenho aqui metal mais atraente. Dama, posso enfiar a cabeça em vosso regaço?

OFÉLIA
Não, meu senhor.

HAMLET
Recostar a cabeça em vosso regaço. Ora! Pensastes que eu falava em arregaçar-vos?
(*Entram o Rei e a Rainha e encenam a pantomima. Ele senta-se no jardim; ela se retira. Em seguida entra Luciano, com um frasco de veneno, verte*

o líquido no ouvido do Rei e se vai. Entra a Rainha,
encontra o Rei morto e sai acompanhada do outro.)

OFÉLIA

Que significa isso, meu senhor?

HAMLET

Isso é malefício matreiro; isso traduz mais maldade.

(*Entra o Prólogo.*)

OFÉLIA

E o que significa isto, meu senhor?

HAMLET

Logo ouvirás; este sujeito vai dizer tudo.

OFÉLIA

Vai nos dizer o significado daquela cena?

HAMLET

Sim, e de qualquer cena que a ele mostrares. Não tenhas receio de mostrar; ele não tem receio de dizer. Ah, esses atores não conseguem guardar segredo; dizem tudo.

PRÓLOGO

Para nossa tragédia, audiência,
Curvados aqui em clemência,
Rogamos a vossa paciência.

HAMLET

Isso é um prólogo ou uma inscrição de anel?

OFÉLIA
Foi muito breve, meu senhor.

HAMLET
Tal e qual o amor das mulheres.
        (*Entram o[s Atores] Duque e a Duquesa.*)

DUQUE
Quarenta anos passaram desde a data
Que os nossos corações o tempo ata.
E hoje o sangue que enchia minhas veias
Corre bem lento; e soam até feias
Canções que antes tinham sonoridade;
Decorre isso do peso da idade.
Amor, a natureza faz cobrança:
Vou para o céu; a terra é tua herança.

DUQUESA
Não digas isso, a vida é só desdém;
Leva-te a morte, a mim leva também.

DUQUE
Anima-te; se eu morrer primeiro,
Talvez aches mais nobre companheiro,
Mais sensato, mais jovem, mais...

DUQUESA
Ah, basta, por favor, serei maldita;
Só quem mata o primeiro co' outro habita;
Matar meu marido outra vez aceito,
Se um segundo homem beija-me no leito.

HAMLET

[*À parte.*] Ah, o veneno, o veneno!

DUQUE

Creio que és sincera no que confessas
Mas é comum descumprirmos promessas,
Pois nossos planos são sempre frustrados;
ideias são nossas, não os resultados.
Tu crês que não terás outro marido,
A ideia morre se eu tiver morrido.

DUQUESA

Que sempre me persiga o sofrimento,
Se, viúva, eu quebrar meu juramento.

HAMLET

Ah, se ela quebrasse agora!

DUQUE

Jura solene. Amor, deixa-me a sós.
Sinto no espírito certo abandono;
Quero enganar o tédio com um sono.

DUQUESA

Rogo que o sono sempre vos repare;
E que o infortúnio nunca nos separe.
            (*[Ele dorme.] Sai a Duquesa.*)

HAMLET

Madame, o que achais da peça?

RAINHA

A dama exagera nas promessas.

HAMLET

Ah, mas ela manterá a palavra.

REI

Conheceis o enredo? Não contém ofensa?

HAMLET

Nenhuma ofensa no mundo! É veneno de brincadeira, veneno de brincadeira.

REI

Qual é o título da peça?

HAMLET

A ratoeira. Ora, por quê? Por metáfora. A peça encena um assassinato cometido em Viena. O nome do Duque era Alberto; da esposa, Batista. Pai, é pura vilania; mas, e daí? Nada tem a ver conosco, que temos almas livres. Quem quiser que enfie a carapuça.
[*Entra Luciano.*]
Este é Luciano, sobrinho do Rei.

OFÉLIA

Sois tão eficiente quanto um coro, meu senhor.

HAMLET

Eu poderia interpretar o amor que carregas, se pudesse ver esses peitinhos se mexendo.[75]

OFÉLIA

Estais espirituoso, meu senhor.

HAMLET

Quem, eu? Sou o vosso piadista-mor! Ora! Por que não haveria de estar alegre? Vede como minha mãe está feliz, e meu pai morreu faz só duas horas.

OFÉLIA

Não, já faz duas vezes dois meses, meu senhor.

HAMLET

Dois meses! Então, que o diabo se vista de preto, pois eu usarei peles. Jesus! Morto há dois meses e ainda não esquecido? Ora! Existe esperança de que a morte de um cavalheiro possa sobreviver à memória. Mas, nesse caso, convém que ele construa igrejas, ou vai fazer valer o velho refrão: "Morreu? Antes ele do que eu!".

OFÉLIA

Vossas piadinhas estão afiadas, meu senhor.

HAMLET

Cuidado que elas podem vos cortar.

---

[75]No original: *"the poopies dallying"*. Sigo abonação de Rubinstein (p. 198).

OFÉLIA
Cada vez melhor, ou pior.

HAMLET
Assim será com vosso marido. Vai, assassino, vai logo. Peste! Deixa de fazer caras e começa! Vamos, o corvo que grasna clama vingança.

LUCIANO
Negro intento, mãos hábeis, droga pronta,
Hora propícia, ninguém que dê conta;
Ó fétida poção de erva filtrada
Co' a maldição de Hécate infectada.[76]
Teu feitiço medonho e sempre forte
Usurpa a vida sã e a traz a morte.
   (*Sai.*)

HAMLET
Ele o envenena para usurpar o reino!

REI
Luzes! Vou para meus aposentos!

CORAMBIS
O Rei se levanta! Luzes, ei!
   (*Saem o Rei e os Nobres.*)

HAMLET
O que, assustado com pólvora seca?
   Que fuja o gamo ferido,
   Que brinque o gamo saudável,

---

[76]Hécate é a deusa da bruxaria e da noite.

Pois se um ri, o outro é sofrido,
E o mundo se mantém louvável.[77]

HORÁCIO
O Rei está abalado, meu senhor.

HAMLET
Sim, Horácio; aposto na palavra do fantasma, contra mais que toda a riqueza da Dinamarca.
(*Entram Rosencraft e Gilderstone.*)

ROSENCRAFT
Então, senhor, como estais?

HAMLET
E se o Rei não se apraz da peça,
O problema é dele, ora essa!

ROSENCRAFT
É um prazer ver Vossa Graça animada.
Meu bom senhor,
Permiti que indaguemos, outra vez,
A causa e a base dessa agitação.

GILDERSTONE
Senhor, vossa mãe quer falar convosco.

HAMLET
Obedeceremos, ainda que ela fosse dez vezes nossa mãe.

---

[77]Thompson e Taylor defendem que o trecho citado por Hamlet se refere a alguma balada desconhecida (p. 317).

ROSENCRAFT

Mas, meu senhor, deixai-me insistir...

HAMLET

Por favor, sabes tocar flauta?

ROSENCRAFT

Ai de mim, senhor, não sei.

HAMLET

Por favor, tocas?

GILDERSTONE

Não tenho talento, senhor.

HAMLET

Ora, vede! É uma coisa de nada; basta tapar estes buraquinhos e, com um leve sopro, sai música das mais delicadas.

GILDERSTONE

Mas não sabemos fazê-lo, senhor.

HAMLET

Por favor, por favor, vamos lá; eu insisto.

ROSENCRAFT

Não sabemos, senhor.

HAMLET

Ora! Achais que sou coisa barata! Julgais conhecer as minhas teclas; quereis me tocar; quereis sondar o interior do meu coração e mergulhar no segredo da minha alma. Valei-me, Deus! Pensais que eu sou mais fácil de tocar que uma flauta? Dai-me o nome do instrumento que quiserdes, embora possais dedilhar-me, não me podereis tocar. Além disso, ser interpelado por uma esponja...

ROSENCRAFT

Como? Uma esponja, meu senhor?

HAMLET

Sim, senhor, uma esponja que absorve a proteção, as benesses e as recompensas do Rei, que se abastece da largueza dele. Mas tipos como vós, em última instância, prestam ao Rei um bom serviço, e ele vos guarda como um macaco guarda as nozes: no canto da bocarra; primeiro vos abocanha, depois vos engole. Então, quando precisa, ele vos espreme e, sendo esponjas, ficais secos novamente, ficais secos.

ROSENCRAFT

Bem, meu senhor, pedimos licença para deixar-vos.

HAMLET

Adeus, adeus, e Deus vos abençoe.
(*Saem Rosencraft e Gilderstone.*)
(*Entra Corambis.*)

CORAMBIS

Meu senhor, a Rainha quer falar convosco.

HAMLET

Estais vendo aquela nuvem em forma de camelo?

CORAMBIS

Parece mesmo um camelo.

HAMLET

Agora acho que é uma doninha.

CORAMBIS

Tem dorso de doninha.

HAMLET

Ou de uma baleia.

CORAMBIS

Lembra muito uma baleia.

HAMLET

Ora! Dizei a minha mãe que já vou.
(*Sai Corambis.*)
Boa-noite, Horácio.

HORÁCIO

Boa-noite, meu senhor.
(*Sai Horácio.*)

HAMLET

Minha mãe, ela quer falar comigo.
Deus! Que jamais me invada o fraco peito
O coração de Nero.[78]
Que eu seja cruel, não desnaturado.

---

[78]Nero foi o imperador romano que mandou matar a própria
mãe, Agripina. Reza a lenda que ela pediu aos assassinos que lhe
golpeassem o ventre que gerou o filho desnaturado.

Será apunhalada com palavras;
Findo o discurso rude que a desminta,
Fazer-lhe mal, minha alma não consinta.
> (*Sai.*)
[10][79]   (*Entra o Rei.*)

REI

Ah, se a água que me corre pela face
Lavasse o crime da minha consciência!
Quando olho para o céu, vejo mi'a ofensa;
A terra inda o meu ato denuncia:
"Paga-me a morte de um irmão e rei",[80]
E a falha adúltera que cometi.
Ah, tais pecados são imperdoáveis!
Se o pecado é mais negro que azeviche,
O remorso o torna alvo como a neve.
Sim, mas insistir no pecado é ato
Que contraria a força universal.
Homem infeliz, faz prece com esmero,
Pede ao céu que te evite o desespero.[81]
> (*Ajoelha-se.*)
> (*Entra Hamlet.*)

---

[79]Local: castelo de Elsinore.

[80]No etos judaico-cristão o fato remete ao assassinato de Abel por Caim, o primeiro crime cometido pelo homem, relatado no livro de Gênesis. No etos elisabetano a referência é também contundente, pois remete ao regicídio, do qual a Inglaterra jamais estivera inteiramente livre.

[81]Percebe-se aqui, indubitavelmente, que Cláudio é culpado e que o Fantasma fala a verdade. O trecho é importante também porque revela o fato de que, ao contrário de Iago, Goneril, Edmundo e Ricardo III, Cláudio tem consciência.

136 HAMLET

Agora, sim [*Sacando o punhal.*]
Vem e faz a ação final, e ele morre;
E assim me vingo. Não, assim não dá.
Matou meu pai dormindo, em pecado;
E quem, além da força imortal, sabe
O estado em que se achava a alma dele?
E vou matá-lo agora, enquanto purga
A própria alma, trilhando a via do céu?
Isso é mais benefício que vingança.
Não. Volta p'ra bainha; ao jogar,
Praguejar, farrear, se embebedar,
Ou na cama incestuosa rolar,
Ou cometer um ato condenável,
Deve ser empurrado, de cabeça,
Para o inferno. Espera-me a Rainha.
Prolonga teu sofrer esta rezinha.
   (*Sai Hamlet.*)

REI

[*Levantando-se.*] Sobe a prece, pecado está comigo.

Reis não se salvam se Deus é inimigo.[82]
   (*Sai o Rei.*)
[11][83] (*Entram a Rainha e Corambis.*)

CORAMBIS

Madame, ouço o jovem Hamlet chegando.

[82]Temos aqui um dos momentos de brilhante ironia na peça. Hamlet não sabe que Cláudio, embora sentindo algum remorso, não consegue orar, pois a tentação do poder e da carne é mais forte.

[83]Local: aposentos da Rainha, no castelo de Elsinore.

Me escondo atrás desta tapeçaria. |137

RAINHA

Fazei isso, senhor.
        (*Sai Corambis.*)
        [*Entra Hamlet.*]

HAMLET

Mãe, mãe!
Ah, estás aí? Como vais, mi'a mãe?

RAINHA

Eu é que pergunto: como vais, Hamlet?

HAMLET

Vos direi, mas limpemos o terreno.

RAINHA

Hamlet, muito ofendeste o teu pai.

HAMLET

Mãe, tu muito ofendeste o meu pai.

RAINHA

Que é isso, menino?

HAMLET

Que é isso, mãe?
Vem cá; senta-te aqui, vais me escutar.

RAINHA

Que pretendes fazer? Vais me matar?
Socorro, ai!

138

CORAMBIS

Acudi a Rainha!

HAMLET

[*Sacando.*] Ora! Um rato?
            [*Dando uma estocada através da tapeça-
ria.*]
Aposto um ducado que ele está morto.
Adeus, bobo imprudente e intrometido.
Te confundi com teu superior.[84]

RAINHA

Hamlet, o que fizeste?

HAMLET

Menos mal, cara mãe, do que matar
Um rei e se casar co' o irmão dele.

RAINHA

Quê? Matar um rei!

HAMLET

Sim, um rei. Vamos, senta-te, e se fores
Feita de algo que seja penetrável,
Volto teus olhos p'ro teu coração,
P'ra verem como tudo ali é negro.

RAINHA

Hamlet, que queres com mortais palavras?

---

[84]Era esse o tipo de momento mesquinho, "pecaminoso", no qual Hamlet pretendia dar cabo de Cláudio — e "despachá-lo" para o inferno. Ironicamente, trata-se do "velho tolo".

HAMLET

Ora, o seguinte: olha este retrato.
É a imagem do teu esposo morto.
Um rosto que supera o do deus Marte;
U' olhar diante do qual treme o inimigo;
U'a fronte onde se lê toda virtude
Que adorna um rei e doura-lhe a coroa;
Um coração que nunca se afastou
Dos votos nupciais. E ora está morto;
Assassinado, foi assassinado!
Este era teu marido. Agora, vê!
Eis aqui teu marido — um Vulcano.[85]
Olhar propício a estupro e homicídio,
Olhar torpe, mortal, feito no inferno,
De assustar criança e assombrar mundos.
E este aqui tu por este preteriste.
Que diabo te logrou na cabra-cega?
Ah, tens olhos, e podes contemplar
Quem matou meu pai e teu caro esposo,
P'ra viver tal prazer incestuoso?

RAINHA

Ah, Hamlet, não fales mais.

HAMLET

Trocar alguém co' a mente de um monarca

---

[85]Coxo e considerado o mais feio dos deuses, Vulcano, ou Hefesto na mitologia grega, era o deus romano do fogo, filho de Júpiter e Juno. Foi lançado aos mares devido à vergonha de sua mãe pela sua disformidade. Em algumas versões, a sua fealdade era tal, mesmo recém-nascido, que Júpiter o teria lançado do Monte Olimpo abaixo.

Por um rei de farrapos, meros trapos!

RAINHA

Caro Hamlet, já basta.

HAMLET

Não, prossegue habitando no pecado,
Transpira sob a canga da infâmia,
Amplia a vergonha, sela a perdição.

RAINHA

Hamlet, não mais.

HAMLET

Ora, teu apetite já esmorece;
Teu sangue corre agora em contrafluxo;
Quem xinga o sangue quente de uma virgem,
Quando a luxúria impera na matrona?

RAINHA

Hamlet, partes meu coração em dois.

HAMLET

Ah, joga fora a parte que não presta,
E guarda a parte boa.
     (*Entra o Fantasma de camisolão.*)
Valei-me, valei-me, forças do céu!
E sobre mim abri as asas celestes.
Não vens repreender teu filho lento,
Que tem deixado a vingança escapar?
Ah, co' esse olhar sofrido não me encares,
Ou meu coração de pedra se apieda,

E as partes que sustentam a vingança
Perdem força e se entregam à piedade.

FANTASMA

Hamlet, para ti volto a aparecer,
Para de minha morte te lembrares.
Não esqueças, nem muito tempo percas.
Mas, percebo no olhar tão perturbado
De tua mãe, que ela teme, e que se assusta.
Fala-lhe, Hamlet, pois seu sexo é frágil.
Consola tua mãe, Hamlet; pensa em mim.

HAMLET

Como vais, senhora?

RAINHA

Eu é que pergunto: como vais?
Pois voltas os teus olhos para o vácuo
E dialogas com nada exceto o ar?

HAMLET

Ora, nada ouvis?

RAINHA

Eu não.

HAMLET

E nada vedes?

RAINHA

Não, nada.

142 HAMLET

Não? Ora! Vede aí o Rei, meu pai!
Meu pai conforme era quando vivo!
Vede como está pálido!
Vede como ele foge porta afora!
Olhai, lá vai ele!
     (*Sai o Fantasma.*)

RAINHA

Lástima! É a fraqueza da tua mente
Que faz tua língua alardear tua dor;
Se eu tenho uma alma, juro pelo céu
Nada sei desse horrendo assassinato.
Mas, Hamlet, isso é pura fantasia,
E, se me amas, esquece este delírio.

HAMLET

Delírio? Não, mi'a mãe, meu pulso bate
Assim como o teu; Hamlet não está louco.
Ah, mãe, se um dia meu caro pai amaste,
Evita nesta noite a cama adúltera,
E volta a ser tu mesma, se puderes;
Com o tempo, quiçá tu o odeies.
E, mi'a mãe, na vingança me auxilia;
Co' a morte dele, morre a tua infâmia.

RAINHA

Hamlet, eu juro, pela majestade
Que bem conhece os nossos pensamentos
E vê dentro dos nossos corações,
Que escondo, ratifico e facilito

Qualquer estratagema que criares.[86] | 143

              HAMLET
Já basta. Boa-noite, minha mãe.
Vem, senhor, vais p'ra baixo deste chão,
Tu, que em vida só foste falastrão.
          (*Saem Hamlet, este arrastando o cadáver,*
[e a Rainha].)

[86]Ao contrário do que se verifica nas outras duas versões de
Hamlet (Q2 e F), em Q1 a Rainha se declara inocente e aliada do
filho (ver diálogo entre Gertred e Horácio, na cena 15, exclusiva a
Q1).

[Ato IV]

[12][87]   (*Entram o Rei [a Rainha] e Nobres.*)

REI
Então, Gertred, que diz o nosso filho?
Como o encontrastes?

RAINHA
Ah, meu senhor, tão louco quanto o mar.
Assim que ele chegou, parecia bem,
Mas logo me empurra e me sacode,
Como se esquecesse ser eu sua mãe.
Então, pedi socorro e, com meu grito,
Gritou Corambis; Hamlet, ao ouvi-lo,
Saca o florete, grita, "um rato, um rato!"
E, em sua fúria, mata o pobre velho.

REI
Essa loucura arruína o nosso reino.
Senhores, procurai-o; descobri
Onde está o corpo.

GILDERSTONE
                Assim faremos.
            (*Saem os Nobres.*)

REI
Gertred, teu filho parte p'ra Inglaterra.
O embarque já está providenciado,

[87]Local: castelo de Elsinore.

E, via Rosencraft e Gilderstone, 145
Ao monarca inglês cartas enviamos,
P'ra o bem-estar e ventura de Hamlet.[88]
Talvez o ar e o clima do país
Sejam-lhe mais amenos do que aqui.
Vê bem, aí vem ele.
(*Entram Hamlet e Nobres.*)

GILDERSTONE
Senhor, não conseguimos saber dele
Onde está o corpo.

REI
Então, Hamlet, meu filho,
Onde está o cadáver?

HAMLET
Na ceia; não onde está comendo, mas onde está
sendo comido. Uma certa delegação de vermes políticos encarrega-se dele. Pai, um rei gordo e um mendigo
magro são apenas opções do cardápio — dois pratos
para a mesma mesa. Atentai: alguém pode pescar com

---

[88]Temendo pela própria vida, caso o Príncipe permaneça na
Dinamarca, o Rei decide livrar-se dele, enviando-o à Inglaterra,
com um despacho que, na realidade, é uma sentença de morte. Em
Q2 e F, no entanto, Cláudio recorre a um estratagema, afirmando
que o motivo precípuo do envio de Hamlet à Inglaterra é a cobrança
de tributos devidos à Dinamarca. A referência histórica situa a ação
da peça na época do Rei Canuto (por volta do ano 1050), quando a
ascendência dinamarquesa sobre a Inglaterra encontra-se em fase
decadente e a Inglaterra ousava atrasar o pagamento do chamado
Danegeld, cobrado desde 991.

146 o verme que comeu o rei; e um mendigo pode comer o
peixe que foi pego com o verme.

REI

Que queres dizer com isto?

HAMLET

Nada, pai, apenas que um rei pode viajar pelas
tripas de um mendigo.

REI

Mas, Hamlet, meu filho, onde está o corpo?

HAMLET

No céu. Se não o encontrardes por lá, pai, convém
procurar por ele nas regiões inferiores; e se não puder-
des achá-lo por lá, quem sabe não o encontrareis pelo
cheiro lá em cima, no vestíbulo.

REI

Ide logo, buscai-o.

HAMLET

Mas, por que tanta pressa? Eu garanto
Que ele vai estar lá vos aguardando.
        [*Saem Rosencraft e Gilderstone*]

REI

Bem, Hamlet, meu filho,
Preocupados contigo, em especial
Com a preservação da tua saúde,
Que tanto quanto a nossa nós prezamos,

Decidimos enviar-te p'ra Inglaterra.[89]   **147**
Rosencraft e Gilderstone vão contigo.

HAMLET

Ah, com muito bom gosto. Adeus, mãe.

REI

Teu pai, que te ama, Hamlet.

HAMLET

Digo que sois minha mãe! Desposastes minha mãe;
minha mãe é vossa mulher; marido e mulher são uma
só carne; portanto, minha mãe. Adeus, para Inglaterra,
vamos!

(*Saem todos, menos o Rei [e a Rainha].*)

REI

Gertred, deixa-me a sós;
    [*Sai a Rainha.*]
E diz adeus a Hamlet.
P'ra Inglaterra ele vai, mas não retorna.
Ao rei inglês as cartas solicitam
Que, ao abri-las, em mostra de aliança,
(Ele, no ato, sem indagar por que)
Determine a degolação de Hamlet.
Só mesmo um olho incauto o julga absorto;
O reino só está livre co' ele morto.
    (*Sai.*)

[89]O emprego da primeira pessoa do plural, antes de designar
a coparticipação de Gertred na decisão de Cláudio, configura tão
somente o chamado plural majestático, forma de expressão comu-
mente empregada por monarcas.

148   [13][90]   (*Entram Fortebraço e soldados com tambores.*)

FORTEBRAÇO

Vai, capitão, saúda em nosso nome
O Rei da Dinamarca. E acrescenta:
Fortebraço, p'lo rei da Noruega,
Pede salvo-conduto por suas terras,
Nos termos do acordo já firmado.
Sabes onde nos encontrar; vai, marcha!
     (*Saem todos.*)
[14][91]   (*Entram o Rei e a Rainha.*)

REI

Para Inglaterra Hamlet já seguiu;
De lá espero em breve boas novas,
Se tudo transcorrer bem a contento,
E não duvido que assim será.

RAINHA

Queira Deus; que o céu proteja meu Hamlet;
Mas o revés da morte de Corambis
Partiu o coração da jovem Ofélia,
Pobre donzela, perdeu a razão.

REI

Pobre coitada! E, por outro lado,
Informam-me que o irmão chegou da França,
E que meia Dinamarca o apoia;
Jamais esquecerá a morte do pai,

[90]Local: litoral da Dinamarca, perto do castelo.
[91]Local: castelo de Elsinore.

A menos que logremos acalmá-lo. | **149**

RAINHA

Ah, vê! Eis aí a jovem Ofélia!

  (*Entra Ofélia, tocando alaúde, com os cabelos soltos e cantando.*)[92]

OFÉLIA

Como distinguir teu amor
Do amor de qualquer outro amante?
P'la concha no chapéu e o cajado,
P'la sandália de caminhante.[93]
Mortalha branca qual a neve,
De flores lindas adornada,
Mas que não desceram à tumba
P'lo pranto do amante regadas.
Ele morreu, se foi, senhora,
Está morto, a vida abrevia;
À cabeceira, relva verde,
Aos pés tem a lápide fria.

---

[92]Conforme registrado na introdução, temos aqui uma das rubricas exclusivas a Q1 que configuram a suma teatralidade da primeira versão de *Hamlet*. O teor da canção de Ofélia alterna lamento pelo amante e pelo pai.

[93]Thompson, Taylor e Jenkins observam que o chapéu com uma concha (esta derivada do uso da concha no batismo), o cajado e a sandália caracterizavam o emblema do romeiro, e que era comum a figura do amante em romaria ao relicário do santo de sua devoção. Os três estudiosos acrescentam que o chapéu enfeitado com uma concha designava o peregrino que havia percorrido o caminho de São Tiago de Compostela (respectivamente, p. 377 e p. 349).

REI

Como estás, meiga Ofélia?

OFÉLIA

Bem, Deus vos pague. Angustia-me vê-lo estirado
no chão frio; não pude conter o choro.

[*Canta.*]

E ele, então, não vai voltar?
E ele, então, não vai voltar?
Não, não, ele se foi;
Largados, nós choramos, pois,
E ele nunca mais vai voltar.
Sua barba era branca qual neve,
E seu cabelo alourado;
Está morto, ele se foi;
Largados, nós choramos, pois;
Deus não o tenha desalmado.

E de todas as almas cristãs, rogo a Deus. Deus vos
abençoe, senhoras! Deus vos abençoe!

(*Sai Ofélia.*)

REI

Bela e infeliz! Mas que reviravolta!
Ó Tempo, como é breve nosso júbilo!
Alegria aqui é questão aberta;
Hoje rimos, amanhã, morte certa.

(*Algazarra na coxia.*)

Ei! Que barulho é este?

LAERTES

[*Na coxia.*] Esperai por mim!

(*Entra Laertes.*)

Ó Rei detestável,

Dai-me meu pai! Dizei! Onde está ele?[94]

REI

Morto.

LAERTES

Quem o matou? Falai já! Não brinqueis
Comigo; sei que foi assassinado.

RAINHA

Deveras, mas não por ele.

LAERTES

Por quem? P'lo céu, exijo uma resposta.

REI

Deixai-o, Gertred; Ah! Não tenho medo.
Tamanha divindade cerca um rei,
Que a traição não ousa contemplá-lo.
Deixai-o, Gertred! Que teu pai foi morto,
É verdade, p'lo que muito sentimos,
Sendo o pilar central do nosso reino.
Então, qual jogador desesperado,
Te voltas contra amigos e inimigos?

LAERTES

Aos amigos, assim abro meus braços,
E guardo-os no peito; com inimigos,
Somente o sangue me reconcilia.

---

[94]Laertes pensa que o pai foi morto por ordens de Cláudio.

REI

Agora falas como um filho que ama;
E que sentimos na alma a morte dele,
Tu logo poderás testemunhar;
Por enquanto, sê paciente, e te acalma.
(*Entra Ofélia, conforme a entrada anterior.*)

LAERTES

Quem é esta? É Ofélia! Cara irmã!
É possível, que a vida de u'a donzela
Seja tão frágil quão dito de velho?
Ó céus, valei-me! Como estás, Ofélia?

OFÉLIA

Ah, Deus me valha! Estive colhendo flores; aqui, eis aqui arruda para ti. Podes chamá-la erva santa aos domingos; esta é para mim, também. Recorre sempre à arruda. Eis a margarida. Aqui, amor, eis alecrim, para lembrares; eu te peço, amor, te lembres. E eis aqui o amor-perfeito, para os pensamentos.

LAERTES

Uma lição de loucura! Pensamentos! Lembrança! Oh Deus, oh Deus!

OFÉLIA

Eis erva-doce para você; eu queria te dar violetas, mas todas murcharam quando meu pai morreu. Ai de

mim, dizem que a coruja era filha de um padeiro.[95] |153
Sabemos o que somos, mas não o que seremos.

> [*Canta.*]
> "Querido pintarroxo, m'ia alegria".[96]

LAERTES
Mágoas e aflição; tormentos piores que o inferno.

OFÉLIA
Não, amor, peço-te que não fales nisso agora. Peço-
-te que cantes comigo. É sobre a filha do Rei e um
camareiro falso; se alguém te perguntar algo, diz o
seguinte:

> [*Canta.*]
> Amanhã é São Valentino,
> E bem cedinho, eu, donzela,
> Estarei à tua janela,
> Para ser tua Valentina.
> O moço desperta e se veste,
> E logo abre a porta do quarto,
> Entra a moça, moça não sai;
> Dali segue depois p'ro parto.

[95]Blakemore Evans esclarece a alusão, referindo-se à lenda
segundo a qual Jesus, disfarçado de mendigo, entrou numa padaria
e pediu algo para comer. A dona do estabelecimento pôs um
bolo no forno, mas a filha disse que o bolo era grande demais, e
reduziu-o pela metade. Contudo, a massa cresceu a um tamanho
enorme, e a filha gritou, expressando surpresa. Em seguida teria
sido transformada em coruja (p. 1173). Ou seja, assim como a
filha do padeiro não sabia que seria transformada em coruja, Ofélia
tampouco sabia que seu pai morreria assassinado.

[96]Trata-se de um verso de uma conhecida canção da época
(Jenkins, p. 359; Thompson e Taylor, p. 388).

Escuta, eu te peço, atenção agora:
Por Jesus e por caridade,
Mas, que vexame, que vergonha!
Tendo uma chance, o moço ataca;
Pau duro, e lá vem a cegonha!
Disse ela, antes de me tombares,
Juraste comigo casar.
E juro p'lo sol que o faria,
Se no leito não viesses deitar.
Que Deus esteja convosco;
Deus esteja convosco, senhoras;
Deus esteja contigo, amor.
      (*Sai Ofélia.*)

LAERTES

Dor em cima de dor! Meu pai 'stá morto;
Minha irmã, demente. Maldita seja
A alma que cometeu essa maldade.

REI

Procura te conter, Laertes, por ora.
Embora a tua dor seja um dilúvio
Que transborda tristeza, espera um pouco,
E comece a pensar que te vingaste
Contra o que faz de ti filho infeliz.

LAERTES

Senhor, me convencestes; vou tentar
Numa cova de ódio a dor fincar,
Que, depois de exumada, avise ao mundo:
O amor de Laertes p'lo pai era profundo.

REI

Já basta. Antes que acabe o dia tristonho,
Vais ouvir o que nada tem de sonho.
     (*Saem todos.*)
[15][97] (*Entram Horácio e a Rainha.*)

HORÁCIO

Madame, vosso filho à Dinamarca
Chegou ileso. Tenho u'a carta dele
Que faz registrar como ele escapou
À traição pelo Rei arquitetada.
Detido ao mar por contenção dos ventos,
Achou a petição ao Rei inglês,
Na qual se viu traído e condenado;
Relato que ele fará a Vossa Graça,
Na próxima vez em que conversardes.

RAINHA

Vejo, pois, que há traição naquele olhar
Que parecia adoçar sua maldade.
Mas vou confortá-lo e agradá-lo agora,
Pois mentes homicidas são cismadas.
Mas não sabeis, Horácio, onde ele está?

HORÁCIO

Sim, madame, e ele pede que amanhã,
Pela manhã, a leste da cidade,
Eu o encontre.

[97]Local: castelo de Elsinore. Esta é a cena exclusiva ao Q1 e cujas importantes implicações temáticas, quanto à construção da personagem da Rainha, são abordadas na introdução.

RAINHA

Não deixeis de fazê-lo,
Bom Horácio; falai-lhe do meu zelo;
Dizei-lhe que incógnito prossiga,
P'ra não falhar naquilo que intenta.

HORÁCIO

Madame,
Jamais duvideis disso. Acho que a nova
De sua chegada já está na corte.
O Rei observai a cada momento:
Com Hamlet aqui, nada está a contento.

RAINHA

Onde estão Gilderstone e Rosencraft?

HORÁCIO

Depois que ele aportou, eles partiram
P'ra Inglaterra; na petição, o destino
A ele guardado foi a eles cedido;
E, por sorte, ele tinha o selo real;[98]
Assim sendo, nada foi descoberto.

RAINHA

Agradeço ao céu as bênçãos ao Príncipe.
Horácio, novamente, me despeço,
Mil vezes o meu filho abençoando.

HORÁCIO

Madame, adeus.

---

[98]Hamlet trazia consigo o selo real da Dinamarca, com o qual
eram assinados os despachos do rei.

[*Saem.*]

[16]⁹⁹ (*Entram o Rei e Laertes.*)

REI

Hamlet chegou da Inglaterra? É possível?
Que é isso? Eles se vão, e ele voltou?

LAERTES

É bem-vindo; por minha alma, é bem-vindo.
Meu coração dá pulos de alegria,
Vivo p'ra lhe dizer que vai morrer.

REI

Bom Laertes, contém-te; me escuta,
E tua vingança não vai abrandar.

LAERTES

Pela minha vontade, não vai mesmo.

REI

Ouve, Laertes, a trama que criei:
Diante de elogios à tua pessoa,
No que concerne o uso da tua arma,
Já o ouvi, muitas vezes, expressar
O desejo ardente de poder
Um dia testar a tua habilidade.

LAERTES

E como será isso?

⁹⁹Local: castelo de Elsinore.

REI

Ora, Laertes, assim: faço uma aposta,
Colocando-me do lado de Hamlet,
Tu cedendo vantagem, fato que
O incitará ao teste mais ainda.
Que em doze assaltos, tu não ganhas três.
Estando isso acordado, quando em meio
À refrega estiverdes, um florete
Será molhado com poção letal,
E se uma gota de sangue lhe for
Arrancada, ele não há de viver.
Feito isso, estarás livre de suspeita,
E nem o mais querido amigo dele
Poderá desconfiar de ti, Laertes.

LAERTES

Meu senhor, isso muito me agrada.
Mas, e se Hamlet não quiser o embate?

REI

Eu garanto. Da tua habilidade
Falaremos tão bem, que ele virá,
Mesmo contrariado. E, p'ra evitar
Que tudo saia errado, uma poção
Terei em mãos, para o momento em que ele,
Acalorado, pedir u'a bebida;
Dele será o fim, nosso o deleite.

LAERTES

Excelente. Ah, que chegue logo a hora!
Aí vem a Rainha.
      (Entra a Rainha.)

REI

Que foi, Gertred, por que estás abatida?

RAINHA

Ah, meu senhor, Ofélia, tão jovem,
Fez p'ra si u'a guirlanda bem sortida,
Sentou-se num salgueiro, sobre um córrego,
O galho cruel rompeu-se, e ela caiu.
Durante alguns instantes, suas roupas
Se abriram, sustentando-a sobre as águas;
Ficou ali, sorrindo, qual sereia,
Entre o céu e a terra, entoando
Velhas canções, parecendo inconsciente
Do perigo. Mas, não demorou muito
Até que as mesmas roupas, encharcadas
Que estavam, para morte arrastassem
A pobre doçura.

LAERTES

Então, afogou-se?
Já tens água demais, querida Ofélia,
Portanto, não te afogo em minhas lágrimas.
Só da vingança o peito é penhor,
Pois mágoa gera mágoa, dor traz dor.
(Saem.)

[Ato V]

[17]¹⁰⁰   (*Entram dois Coveiros.*)

PRIMEIRO COVEIRO
Digo que não. Ela não merece funeral cristão.

SEGUNDO COVEIRO
Por que, senhor?

PRIMEIRO COVEIRO
Ora, porque ela se afogou.

SEGUNDO COVEIRO
Mas ela não *se* afogou.

PRIMEIRO COVEIRO
Não, é verdade; a água afogou ela.

SEGUNDO COVEIRO
Sim, mas foi contra a vontade dela.

---

¹⁰⁰Local: um cemitério. O diálogo entre os coveiros e Hamlet constitui célebre momento do chamado "alívio cômico", antes da catástrofe final. Stanley Wells ressalta o conteúdo humorístico da peça como um todo e propõe que Shakespeare sugere a possibilidade de uma perspectiva cômica em plena ação trágica por meio dos personagens cômicos — os coveiros e o cavalheiro falastrão. Wells assinala ainda que a personagem "cômica" mais complexa da peça é o próprio Hamlet (1995, p. 203), que em tantos momentos é capaz de fazer rir (*e.g.*, quando assusta Horácio, no início da peça, ao afirmar: "Meu pai — acho que estou vendo meu pai" (Ato I, cena 2). Ver nota 105.

PRIMEIRO COVEIRO

Não, isso eu nego; vê bem senhor: eu estou aqui; se a água vem até mim, eu não me afogo. Mas se eu vou até a água, e aí me afogo, sou culpado da minha própria morte. Já perdeu, já perdeu, senhor.

SEGUNDO COVEIRO

Acho que ela só tem funeral cristão porque é mulher importante.

PRIMEIRO COVEIRO

Ora, é pena que gente importante tenha mais poder p'ra se enforcar ou se afogar do que as outras pessoas. Vai buscar um trago p'ra mim; mas, antes me diz uma coisa: quem constrói melhor — o pedreiro, o carpinteiro ou o construtor naval?

SEGUNDO COVEIRO

Ora, o pedreiro, pois ele constrói com pedra, que dura mais tempo.

PRIMEIRO COVEIRO

Essa é boa; tenta de novo, tenta de novo.

SEGUNDO COVEIRO

Ora, então, o carpinteiro, pois ele constrói o cadafalso, que leva muita gente p'ra uma moradia que dura muito tempo.

PRIMEIRO COVEIRO

Boa também. O cadafalso faz o bem; mas, como o cadafalso faz o bem? O cadafalso faz o bem àquele que

162 | faz o mal. Vai, vai-te embora; e se alguém te fizer essa pergunta, responde: "o coveiro", pois as casas que ele constrói duram até o Juízo Final. Vai buscar um trago de cerveja, vai.

> [*Sai o Segundo Coveiro.*]
> (*Entram Hamlet e Horácio.*)
> [*Canta.*]

Picareta e pá, e pá, pá,
Fazem uma bela mortalha,
Justinha será, sei que dá,
A visita não é gentalha.

> (*Atira para o alto uma pazada.*)

HAMLET

Esse sujeito não tem sentimento, para se mostrar tão feliz enquanto abre uma cova? Olha como o pilantra bate com os crânios na terra.

HORÁCIO

Senhor, o hábito faz disso algo banal.

PRIMEIRO COVEIRO

Picareta e pá, e pá, pá,
Fazem uma bela mortalha,
Justinha será, sei que dá,
A visita não é gentalha.

HAMLET

Olha, mais um, Horácio. Quem sabe não será o crânio de algum advogado? Acho que ele deveria indiciar este aqui por agressão, pois o sujeito bateu na cara dele com a pá. Onde estão, agora, vossas sutilezas e jogadas, vossos mandados e duplos mandados, vossos contratos e escrituras, e hipotecas? Ora, os títulos de propriedade das terras dele mal caberiam neste caixão; e o proprietário tem de caber aí? Por favor, Horácio, o pergaminho é feito de pele de carneiro?

HORÁCIO
Sim, senhor, e de bezerro também.

HAMLET
Pois são carneiros e bezerros os que lidam com pergaminhos, ou neles confiam. Eis outro. Ora, não será este o crânio de Fulano, que elogiava o cavalo do Senhor Sicrano, com a intenção de pedi-lo emprestado? Horácio, vamos falar com esse sujeito.
[*Dando um passo à frente.*]
Então, amigo, de quem é esta cova?

PRIMEIRO COVEIRO
Minha, senhor.

HAMLET
Mas, quem vai ser metido nela?

PRIMEIRO COVEIRO
Se dissesse que serei eu, estaria mentindo, senhor.

HAMLET
Que homem será nela enterrado?

PRIMEIRO COVEIRO
Homem nenhum, senhor.

HAMLET

Que mulher?

PRIMEIRO COVEIRO

Mulher nenhuma, senhor; mas, alguém que foi mulher.

HAMLET

O sujeito é esperto! Por Deus, Horácio, nos últimos sete anos tenho notado que a ponta do pé do camponês já está tão perto do calcanhar do cortesão que lhe cutuca os calos. Por favor, me diz uma coisa. Quanto tempo leva para um homem apodrecer, depois de enterrado?

PRIMEIRO COVEIRO

Bem, senhor, se já não estiver podre antes de ser enterrado, pois temos muitos corpos pestilentos, leva oito anos; um curtidor leva oito ou nove anos.

HAMLET

E por que o curtidor?

PRIMEIRO COVEIRO

Ora, porque tem o couro tão curtido por causa do ofício que resiste à água; eis a perigosa sugadora de cadáver, a grande beberrona. Vede, eis um crânio que jaz aqui faz doze anos — deixa-me ver —, sim, desde que nosso finado Rei Hamlet matou Fortebraço em combate — o pai do jovem Hamlet, aquele que está maluco.

HAMLET

Pois é, como foi que ele ficou maluco?

PRIMEIRO COVEIRO

É, foi muito estranho, perdendo o juízo.

HAMLET

E o que deu lugar a isso?

PRIMEIRO COVEIRO

Este lugar aqui, a Dinamarca.

HAMLET

Onde está ele agora?

PRIMEIRO COVEIRO

Ora, agora mandaram ele p'ra Inglaterra.

HAMLET

P'ra Inglaterra? Por quê?

PRIMEIRO COVEIRO

Ora, dizem que lá ele recupera o juízo; e se não recuperar, não tem grande importância; lá ninguém vai notar.

HAMLET

Por que não?

PRIMEIRO COVEIRO

Ora, dizem que lá os homens são tão malucos quanto ele.

166

De quem era este crânio?

PRIMEIRO COVEIRO

Este? — que praga! — era um velhaco maluco. Certa vez derramou um garrafão de vinho do Reno na minha cabeça. Ora, não o reconheceis? Este crânio era de um tal Yorick.

HAMLET

Era? Por favor, deixa-me ver. Que lástima, pobre Yorick! Eu o conheci, Horácio, um sujeito de bom humor infinito. Carregou-me vinte vezes às costas. Aqui pendiam os lábios que beijei uma centena de vezes, mas a visão agora me causa repulsa. Agora, cadê tuas piadas, Yorick? Teus lampejos de alegria? Vai agora ao quarto da minha dama e diz a ela que se pinte com um dedo de espessura, mas que vai acabar assim, Yorick. Horácio, me diz uma coisa. Achas que Alexandre ficou assim?

HORÁCIO

Assim mesmo, meu senhor.

HAMLET

E cheirava assim?

HORÁCIO

Sim, meu senhor, assim mesmo.
> (*O Coveiro sai pelo alçapão.*)

HAMLET

É? Por que não podemos imaginar a seguinte situação: Alexandre morreu, Alexandre foi enterrado, Alexandre virou pó; do pó fazemos barro; e, sendo Alexandre só barro, por que não se poderia, com o tempo, usar Alexandre para selar a torneira de um barril de cerveja?

O magno César, barro fedorento,
Tapa buraco e impede a ação do vento.

(*Entram o Rei, a Rainha, Laertes, outros Nobres e um Padre, seguindo um caixão.*)

Que funeral agora chora a corte?
Parece pertencer à nobre estirpe.
Vamos observar.

LAERTES

E os outros ritos? Diz, e os outros ritos?

PADRE

Senhor, fizemos tudo o que é possível,
E até mais do que a Igreja autoriza;
P'la casta alma entoamos hino fúnebre;
Não fosse em atenção ao Rei e a vós,
Ela seria no campo sepultada,
E não teria este enterro cristão.[101]

LAERTES

É assim? Digo-te, padre grosseirão,
Minha irmã vai ser anjo protetor,
Quando uivando estiveres.

---

[101]A realização de um enterro minimamente cristão confirma as insinuações do coveiro relacionadas ao suposto suicídio de Ofélia.

168

HAMLET

A bela Ofélia, morta!

RAINHA

Flores à flor; adeus!
Pensava enfeitar teu leito nupcial,
Bela donzela, e não seguir-te ao túmulo.

LAERTES

Que a terra espere um pouco. Irmã, adeus!
     (*Laertes salta dentro do túmulo.*)
Agora jogai terra até o Olimpo,
Fazei um monte mais alto que o Pélion.[102]

HAMLET

Quem é este que tanto grita? Vede,
Aqui estou, Hamlet, o Dinamarquês![103]
     (*Hamlet salta dentro do túmulo.*)

LAERTES

Que o diabo te leve a alma!
     [*Lutam.*]

HAMLET

              Tu não rezas!
Peço-te, tira as mãos da mi'a garganta,
Pois existe em mim algo perigoso,
Que a ti convém temer. Tira essa mão!

---

[102]Olimpo e Pélion são montanhas situadas no nordeste da Grécia; a primeira seria o local da morada dos deuses.

[103]Mais uma vez, o Príncipe afirma a sua condição de herdeiro do cetro da Dinamarca.

Amei Ofélia igual a vinte irmãos.
Mostra-me o que farás por tua irmã.
Lutarás? Jejuarás? Tu vais rezar?
Beber vinagre? Comer crocodilo?
Eu o farei. Tu vens choramingar?
E, se queres ser vivo sepultado,
Fiquemos aqui, que sobre nós joguem
Montes de terra, até que o grande Ossa[104]
Pareça uma verruga.

REI
         Para, Laertes;
Agora ele está louco qual o mar,
Logo vai estar manso qual o pombo;
Portanto, ignora-lhe o estado frenético.

HAMLET
Por que, senhor, assim me ofendeis?
Causa não vos dei. Seja como for,
Tem dia da caça, e dia do caçador.
         (*Saem Hamlet e Horácio.*)

RAINHA
Lástima! É a loucura que faz isso;
Não é o coração dele, Laertes.

REI
[*Dirigindo-se a Laertes.*] É isso, senhor. Mas,
basta de brincar;
Inda hoje Hamlet bebe o último trago;

[104]Outra montanha no nordeste da Grécia, próxima ao Olimpo e
ao Pélion.

170 Pois, daqui a pouco vamos convocá-lo.
Portanto, Laertes, fica bem alerta.

LAERTES

Senhor, minha alma inquieta ficará.

REI

Vem, Gertred, precisamos conciliar
Laertes e nosso filho; assim convém
A ambos, que têm amor por nós e a pátria.

RAINHA

Deus queira que assim seja.
(Saem todos.)
[18][105]   *(Entram Hamlet e Horácio.)*

HAMLET

Horácio, podes crer, lamento muito
Ter perdido a cabeça com Laertes;
Pois, na minha própria dor, sinto a dele,
Ainda que difiram as ofensas.
(Entra um Cavalheiro Falastrão.)[106]
Horácio, olha só esta libélula!
A corte o conhece muito bem,
Mas ele não conhece bem a corte.

CAVALHEIRO

Deus vos salve, caro Príncipe Hamlet.

[105]Local: castelo de Elsinore.
[106]Nas versões Q2 e F o "Cavalheiro Falastrão" é chamado de
Osric. Conforme já anotado, a função do afetado Osric é aduzir
"alívio cômico" antes da catástrofe.

HAMLET

E a vós também, senhor.

[*À parte.*]

Ufa! Mas como fede o bacalhau!

CAVALHEIRO

Venho a Vossa presença em embaixatura designada por Sua Majestade.

HAMLET

Dar-vos-ei, senhor, a devida atenção. Mas, eu juro, como está frio!

CAVALHEIRO

Deveras, está crudelissimamente frio.

HAMLET

Acho que está quente.

CAVALHEIRO

Mormacentamente quente. O Rei, caro Príncipe, aposta em Vossa Alteza, seis cavalos árabes contra seis floretes franceses, com todos os acessórios, inclusive as devidas carretas. Podeis acreditar, é tudo esmeradamente acabado.

HAMLET

As carretas, senhor? Não sei o que estais dizendo.

CAVALHEIRO

Os cinturões e as bainhas, senhor, coisas assim.

172

HAMLET

A palavra seria mais adequada se pudéssemos levar canhões à cinta. E a tal aposta? Agora vos entendo.

CAVALHEIRO

Senhor, que o jovem Laertes, em doze assaltos com florete e adaga, não consegue vos estocar três vezes; o Rei aposta em vós e pede que vos apronteis.

HAMLET

Muito bem; se o Rei arrisca uma aposta, eu arrisco a cabeça. Quando será o embate?

CAVALHEIRO

Imediatamente, senhor. O Rei e a Rainha, acompanhados dos integrantes mais lúcidos da corte, descem para o palácio externo.

HAMLET

Diz ao Rei que irei ao encontro dele.

CAVALHEIRO

Transmitir-lhe-ei a vossa benfazeja resposta.
    (*Sai.*)

HAMLET

Faz isso; ninguém melhor do que tu para fazê-lo, pois só quem não tem olfato é incapaz de sentir o belo aroma de um tolo.

HORÁCIO

Ele se revela sem que seja preciso interrogá-lo.

HAMLET

Podes acreditar, Horácio, de repente sinto um aperto aqui no coração.

HORÁCIO

Meu senhor, então desisti do desafio.

HAMLET

Não, Horácio, eu não; se o perigo for agora, não virá depois. Existe especial providência na queda de um pardal.[107] Aí vem o Rei.

(Entram o Rei, a Rainha, Laertes, Nobres [com floretes e luvas de proteção; uma mesa com jarras de vinho].)

REI

Agora, filho, em ti nós apostamos;
Que temos o melhor não duvidamos.

HAMLET

Vossa Alteza protege a parte fraca.

REI

Não duvidamos. Dai-lhes os floretes.

HAMLET

Primeiro, Laertes, eis a minha mão,
Afirmando, jamais ofendi Laertes.
Se Hamlet na loucura ofendeu,
Não foi Hamlet, mas a sua loucura.
E todo o mal que fiz contra Laertes,

---

[107]Mateus 10, 29.

174 Declaro, resultou da insanidade.[108]
Façamos, pois, as pazes, e acredito
Ter disparado a seta sobre a casa
E atingido meu irmão.[109]

LAERTES
                    Nos sentimentos
Aquiesço, mas em honra fico longe,
E reconciliação eu não aceito,
Até que os nossos mais sábios anciãos
Possam me eximir.

REI
Dai-lhes os floretes.

HAMLET
Eu vou te floretear, nobre Laertes.
Estes floretes têm igual medida?
Vem cá, senhor.
            (*Começam o assalto.*)
            Um toque!

---

[108]Alguns críticos estranham essas palavras de Hamlet e alegam que o protagonista bem sabe que jamais esteve louco, que apenas fingiu estar louco. A fortuna crítica acerca da suposta loucura de Hamlet é imensa. Seja como for, John Russell Brown conclui que Hamlet não recorre à loucura apenas por estar mentalmente estressado e atormentado por sentimentos incontroláveis; em última instância, a suposta loucura lhe possibilita expressar, publicamente, diante de toda a corte, horror diante do novo casamento da mãe, e ainda sondar os propósitos secretos de Cláudio (p. 47).

[109]Jenkins comenta que era frequente a figura da seta que, após lançada, pode atingir um alvo mais distante (ou diferente) do que o pretendido (p. 408).

LAERTES

Não foi.

HAMLET

Juiz!

CAVALHEIRO

Um toque, um toque nítido.

LAERTES

Está bem. Novamente.
      (Recomeçam o assalto.)

HAMLET

Outro! Juiz!

LAERTES

Sim, admito; um toque, um toque.

REI

Aqui, Hamlet, o Rei bebe à tua saúde.

RAINHA

Hamlet, enxuga o rosto com meu lenço.

REI

Dai-lhe vinho.

HAMLET

Deixa estar; quero antes outro assalto.
Beberei em seguida.

176

RAINHA

Aqui, Hamlet, tua mãe bebe à tua saúde.
(*Ela bebe.*)

REI

Gertred, não bebas, não!
Ah, é a taça envenenada![110]

HAMLET

Laertes, vem; estás de brincadeira.
Eu te peço que jogues p'ra valer.

LAERTES

Certo! Falas assim? Então, em guarda!
Vou agora estocar-te, meu senhor.
[*À parte.*]
É quase contra a minha consciência.

HAMLET

Vem, senhor.
(*Um pega o florete do outro, e ambos se ferem. Laertes tomba; a Rainha tomba e morre.*)

REI

Acudi a Rainha!

RAINHA

Ah, o vinho, o vinho, Hamlet, o vinho!

[110]Embora não haja rubrica nas fontes consultadas, decerto, esta fala do Rei é proferida "à parte".

HAMLET

Traição! Ei! Fechai todos os portões!

CAVALHEIRO

Como estais, senhor Laertes?

LAERTES

Como um galo de briga pretensioso:
Pela minha própria arma morto. Hamlet,
Não te resta nem meia hora de vida;
O instrumento fatal tens aí na mão,
Envenenado e sem a proteção;
Tua mãe também foi envenenada.
P'ra ti foi a bebida preparada.

HAMLET

O instrumento fatal em minha mão?
Pois, veneno ao veneno! Morre monstro!
Vai, bebe! Eis a tua união, bebe![111]
(*O Rei morre.*)

LAERTES

Ah, ele teve o que bem merecia.
Hamlet, antes que eu morra, toma aqui
A mi'a mão, mi'a amizade. Eu te perdoo.
(*Laertes morre.*)

---

[111]Jenkins comenta que Hamlet se refere ao casamento do Rei, do qual a taça envenenada se torna símbolo (p. 414). No Q2 e no F, *união* se refere à pérola colocada por Cláudio dentro da taça envenenada, para torná-la mais atraente a Hamlet.

178 HAMLET

E eu a ti.
Ah, estou morto, Horácio; meu adeus.

HORÁCIO

Sou mais romano que dinamarquês;[112]
Ainda resta um pouco de veneno.

HAMLET

Se por mim tens afeto, larga isto.
Que vergonha, Horácio! Se morreres,
Deixas atrás de ti um grande escândalo!
Quem contará a história dessas mortes,
Se não tu? Ah, meu peito dói, Horácio;
Meus olhos já não veem, mi'a língua cala.
Horácio, adeus. Que o céu receba mi'a alma![113]
    (*Hamlet morre.*)
     (*Entram Voltemar e os Embaixadores da Inglaterra; entra Fortebraço acompanhado do séquito.*)

---

[112]Conforme observado nas chamadas "peças romanas" de Shakespeare, *i.e.*, *Júlio César*, *Antônio e Cleópatra* e *Coriolano*, para um cidadão de Roma, o suicídio consta como alternativa honrosa à desgraça e à humilhação.

[113]Hamlet vinga a morte do pai (a vingança instada pelo Fantasma) e a morte da mãe, mas não obtém o trono. O protagonista perde a vida e o trono, mas pede a Horácio que lhe salve a honra, legando à posteridade o relato da triste saga da família real dinamarquesa. O F registra aqui quatro letras: "O, o, o, o", antes da rubrica "*Morre*". Russell Brown comenta que, talvez, o ator Richard Burbage, o primeiro Hamlet, quisesse dispor de mais tempo para expressar, em gritos ou gemidos inarticulados, a dor, a descrença ou a bravura que lhe parecesse adequada (p. 185).

FORTEBRAÇO

Onde está a cena sangrenta?

HORÁCIO

Se quereis ver desgraça e desastre,
Contemplai este trágico espetáculo.

FORTEBRAÇO

Ó morte arrogante! Quantos príncipes
Derrubaste co' um golpe sanguinário?

EMBAIXADOR

O despacho trazido da Inglaterra,
Cadê os príncipes que nos ouvirão?
Ah, momento imprevisto! País funesto!

HORÁCIO

Acalmai-vos; a todos contarei
Como foi que a tragédia começou.
Armemos um tablado no mercado,
E que lá a nobreza compareça,
Onde ouvireis o mais triste relato
Já feito por qualquer mortal cordato.

FORTEBRAÇO

Tenho certos direitos a este reino,
Que agora reclamar muito me apraz.[114]

[114]Com as mortes de Gertred, Cláudio e Hamlet, a família real
dinamarquesa está extinta. Fortebraço surge como a instalação de
uma nova ordem. Consta que Hamlet seja o único filho do Rei
Hamlet, e Cláudio não tem herdeiros diretos. É razoável que o
cetro passe ao jovem Fortebraço, da Noruega. Com efeito, em Q2

180 | Que quatro capitães conduzam Hamlet,
Com honras militares, ao seu túmulo;
Pois tudo leva a crer que, se vivesse,
Tornar-se-ia um grande soberano.
Levai os corpos.
Cena assim serve ao campo de batalha;
Aqui, isso não é cena que valha.
[*Saem.*]

e F, o próprio Hamlet, instantes antes de morrer, elege Fortebraço
seu sucessor.

COLEÇÃO DE BOLSO HEDRA

1. *Iracema*, Alencar
2. *Don Juan*, Molière
3. *Contos indianos*, Mallarmé
4. *Auto da barca do Inferno*, Gil Vicente
5. *Poemas completos de Alberto Caeiro*, Pessoa
6. *Triunfos*, Petrarca
7. *A cidade e as serras*, Eça
8. *O retrato de Dorian Gray*, Wilde
9. *A história trágica do Doutor Fausto*, Marlowe
10. *Os sofrimentos do jovem Werther*, Goethe
11. *Dos novos sistemas na arte*, Maliévitch
12. *Mensagem*, Pessoa
13. *Metamorfoses*, Ovídio
14. *Micromegas e outros contos*, Voltaire
15. *O sobrinho de Rameau*, Diderot
16. *Carta sobre a tolerância*, Locke
17. *Discursos ímpios*, Sade
18. *O príncipe*, Maquiavel
19. *Dao De Jing*, Laozi
20. *O fim do ciúme e outros contos*, Proust
21. *Pequenos poemas em prosa*, Baudelaire
22. *Fé e saber*, Hegel
23. *Joana d'Arc*, Michelet
24. *Livro dos mandamentos: 248 preceitos positivos*, Maimônides
25. *O indivíduo, a sociedade e o Estado, e outros ensaios*, Emma Goldman
26. *Eu acuso!*, Zola | *O processo do capitão Dreyfus*, Rui Barbosa
27. *Apologia de Galileu*, Campanella
28. *Sobre verdade e mentira*, Nietzsche
29. *O princípio anarquista e outros ensaios*, Kropotkin
30. *Os sovietes traídos pelos bolcheviques*, Rocker
31. *Poemas*, Byron
32. *Sonetos*, Shakespeare
33. *A vida é sonho*, Calderón
34. *Escritos revolucionários*, Malatesta
35. *Sagas*, Strindberg
36. *O mundo ou tratado da luz*, Descartes
37. *O Ateneu*, Raul Pompeia
38. *Fábula de Polifemo e Galateia e outros poemas*, Góngora
39. *A vênus das peles*, Sacher-Masoch
40. *Escritos sobre arte*, Baudelaire
41. *Cântico dos cânticos*, [Salomão]
42. *Americanismo e fordismo*, Gramsci
43. *O princípio do Estado e outros ensaios*, Bakunin
44. *O gato preto e outros contos*, Poe
45. *História da província Santa Cruz*, Gandavo
46. *Balada dos enforcados e outros poemas*, Villon
47. *Sátiras, fábulas, aforismos e profecias*, Da Vinci
48. *O cego e outros contos*, D.H. Lawrence

49. *Rashômon e outros contos*, Akutagawa
50. *História da anarquia (vol. 1)*, Max Nettlau
51. *Imitação de Cristo*, Tomás de Kempis
52. *O casamento do Céu e do Inferno*, Blake
53. *Cartas a favor da escravidão*, Alencar
54. *Utopia Brasil*, Darcy Ribeiro
55. *Flossie, a Vênus de quinze anos*, [Swinburne]
56. *Teleny, ou o reverso da medalha*, [Wilde et al.]
57. *A filosofia na era trágica dos gregos*, Nietzsche
58. *No coração das trevas*, Conrad
59. *Viagem sentimental*, Sterne
60. *Arcana Cælestia* e *Apocalipsis revelata*, Swedenborg
61. *Saga dos Volsungos*, Anônimo do séc. XIII
62. *Um anarquista e outros contos*, Conrad
63. *A monadologia e outros textos*, Leibniz
64. *Cultura estética e liberdade*, Schiller
65. *A pele do lobo e outras peças*, Artur Azevedo
66. *Poesia basca: das origens à Guerra Civil*
67. *Poesia catalã: das origens à Guerra Civil*
68. *Poesia espanhola: das origens à Guerra Civil*
69. *Poesia galega: das origens à Guerra Civil*
70. *O chamado de Cthulhu e outros contos*, H.P. Lovecraft
71. *O pequeno Zacarias, chamado Cinábrio*, E.T.A. Hoffmann
72. *Tratados da terra e gente do Brasil*, Fernão Cardim
73. *Entre camponeses*, Malatesta
74. *O Rabi de Bacherach*, Heine
75. *Bom Crioulo*, Adolfo Caminha
76. *Um gato indiscreto e outros contos*, Saki
77. *Viagem em volta do meu quarto*, Xavier de Maistre
78. *Hawthorne e seus musgos*, Melville
79. *A metamorfose*, Kafka
80. *Ode ao Vento Oeste e outros poemas*, Shelley
81. *Oração aos moços*, Rui Barbosa
82. *Feitiço de amor e outros contos*, Ludwig Tieck
83. *O corno de si próprio e outros contos*, Sade
84. *Investigação sobre o entendimento humano*, Hume
85. *Sobre os sonhos e outros diálogos*, Borges | Osvaldo Ferrari
86. *Sobre a filosofia e outros diálogos*, Borges | Osvaldo Ferrari
87. *Sobre a amizade e outros diálogos*, Borges | Osvaldo Ferrari
88. *A voz dos botequins e outros poemas*, Verlaine
89. *Gente de Hemsö*, Strindberg
90. *Senhorita Júlia e outras peças*, Strindberg
91. *Correspondência*, Goethe | Schiller
92. *Índice das coisas mais notáveis*, Vieira
93. *Tratado descritivo do Brasil em 1587*, Gabriel Soares de Sousa
94. *Poemas da cabana montanhesa*, Saigyō
95. *Autobiografia de uma pulga*, [Stanislas de Rhodes]
96. *A volta do parafuso*, Henry James
97. *Ode sobre a melancolia e outros poemas*, Keats
98. *Teatro de êxtase*, Pessoa

99. *Carmilla — A vampira de Karnstein*, Sheridan Le Fanu
100. *Pensamento político de Maquiavel*, Fichte
101. *Inferno*, Strindberg
102. *Contos clássicos de vampiro*, Byron, Stoker e outros
103. *O primeiro Hamlet*, Shakespeare
104. *Noites egípcias e outros contos*, Púchkin
105. *A carteira de meu tio*, Macedo
106. *O desertor*, Silva Alvarenga
107. *Jerusalém*, Blake
108. *As bacantes*, Eurípides
109. *Emília Galotti*, Lessing
110. *Contos húngaros*, Kosztolányi, Karinthy, Csáth e Krúdy
111. *A sombra de Innsmouth*, H.P. Lovecraft
112. *Viagem aos Estados Unidos*, Tocqueville
113. *Émile e Sophie ou os solitários*, Rousseau
114. *Manifesto comunista*, Marx e Engels
115. *A fábrica de robôs*, Karel Tchápek
116. *Sobre a filosofia e seu método — Parerga e paralipomena (v. II, t. I)*, Schopenhauer
117. *O novo Epicuro: as delícias do sexo*, Edward Sellon
118. *Revolução e liberdade: cartas de 1845 a 1875*, Bakunin
119. *Sobre a liberdade*, Mill
120. *A velha Izerguil e outros contos*, Górki
121. *Pequeno-burgueses*, Górki
122. *Um sussurro nas trevas*, H.P. Lovecraft
123. *Primeiro livro dos Amores*, Ovídio
124. *Educação e sociologia*, Durkheim
125. *Elixir do pajé — poemas de humor, sátira e escatologia*, Bernardo Guimarães
126. *A nostálgica e outros contos*, Papadiamántis
127. *Lisístrata*, Aristófanes
128. *A cruzada das crianças/ Vidas imaginárias*, Marcel Schwob
129. *O livro de Monelle*, Marcel Schwob
130. *A última folha e outros contos*, O. Henry
131. *Romanceiro cigano*, Lorca
132. *Sobre o riso e a loucura*, [Hipócrates]
133. *Hino a Afrodite e outros poemas*, Safo de Lesbos
134. *Anarquia pela educação*, Élisée Reclus
135. *Ernestine ou o nascimento do amor*, Stendhal
136. *A cor que caiu do espaço*, H.P. Lovecraft
137. *Odisseia*, Homero
138. *O estranho caso do Dr. Jekyll e Mr. Hyde*, Stevenson
139. *História da anarquia (vol. 2)*, Max Nettlau
140. *Eu*, Augusto dos Anjos
141. *Farsa de Inês Pereira*, Gil Vicente
142. *Sobre a ética — Parerga e paralipomena (v. II, t. II)*, Schopenhauer
143. *Contos de amor, de loucura e de morte*, Horacio Quiroga
144. *Memórias do subsolo*, Dostoiévski
145. *A arte da guerra*, Maquiavel

Edição _	Bruno Costa
Coedição _	Iuri Pereira e Jorge Sallum
Capa e projeto gráfico _	Júlio Dui e Renan Costa Lima
Imagem de capa _	Renan Costa Lima
Programação em LaTeX _	Marcelo Freitas
Revisão _	Aimara da Cunha Resende, Alexandre B. de Souza, Bruno Costa, Márcia Martins e Marlene Soares dos Santos
Assistência editorial _	Bruno Oliveira
Colofão _	Adverte-se aos curiosos que se imprimiu esta obra em nossas oficinas em 10 de maio de 2013, em papel off-set 90 g/m^2, composta em tipologia Minion Pro, em GNU/Linux (Gentoo, Sabayon e Ubuntu), com os softwares livres LaTeX, DeTeX, VIM, Evince, Pdftk, Aspell, SVN e TRAC.